Perry | Dialog über personale Identität und Unsterblichkeit

[Was bedeutet das alles?]

John Perry

Dialog über personale Identität und Unsterblichkeit

Aus dem amerikanischen Englischen übersetzt
von Holger Hanowell

Reclam

Titel der englischen Originalausgabe:
A Dialogue on Personal Identity and Immortality.
Indianapolis/Cambridge: Hackett Publishing Company, 1978

RECLAMS UNIVERSAL-BIBLIOTHEK Nr. 19057

Gestaltung: Cornelia Feyll, Friedrich Forssman
Gesamtherstellung: Reclam, Ditzingen. Printed in Germany 2013

ISBN 978-3-15-019057-9
www.reclam.de

Inhalt

Anmerkung des Autors

Diesen Text verfasste ich als Guggenheim Fellow während meines Sabbaticals an der Stanford University. Ich möchte mich bei beiden Instituten für die Unterstützung bedanken.

Es war nicht mein Ziel, meine eigenen Ansichten über personale Identität zu erläutern und zu verteidigen, sondern Positionen und Argumente anzuführen und zu entwickeln, die zu diesem Themenkomplex in der Literatur vorliegen.

Ein Dialog über personale Identität und Unsterblichkeit

Es handelt sich hierbei um Aufzeichnungen von Gesprächen, die Gretchen Weirob, eine Dozentin der Philosophie an einem kleinen College im Mittleren Westen, mit zwei Freunden geführt hat. Die Gespräche fanden in ihrem Zimmer im Krankenhaus statt, und zwar an drei Abenden, bevor sie an den Folgen ihres Motorradunfalls verstarb. Sam Miller ist Kaplan und ein alter Freund von Weirob; Dave Cohen ist ein ehemaliger Student von ihr.

Der erste Abend

COHEN: Ich kann kaum glauben, was du da sagst, Gretchen. Du bist bei klarem Verstand und scheinst keine großen Schmerzen zu haben. Und trotzdem sagst du, dass es hoffnungslos ist?

WEIROB: Diese Apparate hier werden mich noch für ein oder zwei Tage am Leben halten. Einige meiner lebenswichtigen Organe sind so stark verletzt, dass die Ärzte kaum noch etwas machen können, abgesehen von gewissen eher radikalen Maßnahmen. Die habe ich abgelehnt. Starke Schmerzen habe ich nicht. Aber wenn ich das richtig verstanden habe, ist das kein gutes Zeichen. Mein Gehirn wurde nicht verletzt, und deshalb bin ich wahrscheinlich noch so klar im Kopf. Die ganze Situation ist ziemlich deprimierend, fürchte ich. Aber da kommt Sam Miller. Vielleicht kann er mich ja aufmuntern.

MILLER: Guten Abend, Gretchen. Hallo Dave. Es hat wohl

wenig Zweck, um den heißen Brei herumzureden, Gretchen. Die Ärzte sagen, dass du es nicht schaffen wirst. Kann ich noch irgendetwas für dich tun?

WEIROB: Verflixt, Sam! Du hast jeden Tag mit Sterbenden zu tun. Hast du nicht etwas Tröstlicheres zu sagen als: »Tut mir leid, zu hören, dass du es nicht schaffen wirst«?

MILLER: Also, um die Wahrheit zu sagen, ich weiß nicht recht, was ich dir sagen soll. Die meisten Leute, mit denen ich zu tun habe, sind gläubige Menschen wie ich. Wir sprechen über die Aussicht, am Leben zu bleiben. Und dann versichere ich den Leuten, dass Gott, der gerecht und gnadenvoll ist, nicht zulassen wird, dass unser kurzes Dasein hier auf Erden das Ende aller Dinge sein soll. Du und ich, wir unterhalten uns schon seit Jahren über religiöse und philosophische Themen. Aber nie hatte ich den Eindruck, dass du auch nur im geringsten an Gott glaubst. Selten genug, dass du sagst, dass deine Freunde Grips haben oder dass du deine eigene Hand vor deinem Gesicht sehen kannst oder dass es einen Grund gibt, zu glauben, die Sonne würde am nächsten Tag aufgehen. Wie könnte ich also darauf hoffen, dich mit der Aussicht auf ein Leben nach dem Tode zu trösten, wenn ich weiß, dass du das für absolut unwahrscheinlich hältst?

WEIROB: Ich brauche gar nicht so viel, um Trost zu finden, Sam. Selbst die Möglichkeit, dass es da etwas ziemlich Unwahrscheinliches gibt, kann schon tröstlich sein. In bestimmten Situationen jedenfalls. Als wir noch Tennis spielten, konnte ich dich nicht öfter als einmal in zwanzig Spielen schlagen. Es genügte mir aber, an die Möglichkeit zu glauben, dich jederzeit besiegen zu können.

Und allein dadurch, dass ich mich auf diese Möglichkeit beziehen konnte, wollte ich weiter gegen dich spielen. Gesetzt den Fall, dass wir in einem ausbruchsicheren Gefängnis eingekerkert sind und alle Hoffnung aufgegeben haben, ziehen wir eine unaussprechliche Freude aus der Information, dass doch eine, wenn auch nur geringe, Chance zur Flucht besteht. Hoffnung spendet Trost, und Hoffnung braucht nicht immer Wahrscheinlichkeit. Dennoch müssen wir glauben, dass das, was wir uns erhoffen, zumindest möglich ist. Ich werde dir also eine einfachere Aufgabe stellen. Überzeuge mich einfach davon, dass mein Weiterleben nach dem Tode dieses Körpers *möglich* ist, und ich verspreche dir, Trost daraus zu schöpfen. Unabhängig davon, ob du nun Erfolg hast oder nicht: Dein Bemühen wird für Ablenkung sorgen. Denn du weißt ja, dass ich liebend gern philosophiere.

MILLER: Aber was ist Möglichkeit anderes als nicht begründete Wahrscheinlichkeit?

WEIROB: Ich meine nicht »möglich« im Sinne von »wahrscheinlich« oder im Sinne von Dingen, die den bekannten Gesetzen der Physik oder der Biologie folgen. Ich meine »möglich« im schwächsten Sinne – dass nämlich etwas dann vorstellbar ist, wenn es unausweichliche Fakten gibt. Im Verlauf der kommenden Tage wird dieser Körper sterben. Er wird begraben werden und verwesen. Und nun frage ich dich bei dieser Faktenlage: Erkläre mir, wie es *Sinn* ergeben soll, wenn du mir sagst, dass ich weiterhin existieren werde. Erkläre mir einfach nur, was ich mir in diesem Falle *vorstellen* soll, wenn ich mir das Leben nach dem Tode ausmale, das zu dieser Faktenlage passt – und ich werde Trost finden.

MILLER: Was steht dann aber an? Es gibt viele verschiedene Konzepte von Unsterblichkeit und eines Leben jenseits des Grabes, und all diese Vorstellungen ergeben Sinn. Mit Sicherheit kann man nicht die Möglichkeit anzweifeln, sondern nur die Wahrscheinlichkeit. Triff deine Wahl! Christen glauben an ein Leben im Jenseits, mit einem Körper – die Details variieren natürlich von Glaubensgemeinschaft zu Glaubensgemeinschaft. Es gibt die griechische Vorstellung von dem Körper als Gefängnis, aus dem wir nach dem Tode entkommen –, sodass wir ein immerwährendes Leben ohne Körper erhalten. Dann gibt es Auffassungen, dass wir sozusagen mit dem Fluss des Seins verschmelzen –

WEIROB: Ich muss dich in deiner Lehrstunde über vergleichende Religionswissenschaft unterbrechen. Das Leben nach dem Tode bedeutet Weiterleben, nicht mehr, nicht weniger. Ich bezweifle nicht, dass ich mit dem Sein verschmelzen werde; Pflanzen werden Wurzeln in meine Überreste schlagen, und die chemischen Verbindungen, aus denen ich bestehe, werden ihren Beitrag zum Leben leisten. Ich bin Ökologin genug, um darin Trost zu finden. Aber das Leben nach dem Tode muss, falls überhaupt, einen anders gearteten Trost spenden, den Trost der *Erwartungshaltung*. Ein Leben nach dem Tode bedeutet, dass es morgen oder irgendwann in der Zukunft jemanden gibt, der etwas erfährt, der sieht, berührt und riecht – oder zumindest denkt und nachsinnt und sich erinnert. Und diese Person werde *ich* sein. Diese Person wird so viel mit mir gemein haben, dass es richtig ist, Erwartungen zu haben und mich auf diese zukünftigen Erfahrungen zu freuen. Und ich habe so viel mit dieser Person gemein, dass es sich richtig für diese Person anfühlt, sich an das zu erinnern, was *ich* gedacht und getan habe und das zu bedauern, was *ich* falsch gemacht habe, und stolz auf das zu sein, was *ich* richtig gemacht habe. Und die einzige Beziehung und Verbindung zu dieser Person, die Erwartung und Erinnerung in dieser Weise trägt, ist schlicht und einfach die *Identität*. Denn es ist nie korrekt, das, was einem anderen widerfährt, auf die eigene Person zu beziehen, oder? Oder sich an das zu erinnern, was jemand anderes getan hat, als seien es die eigenen Gedanken und Taten. Komm mir also nicht mit der Verschmelzung mit dem Sein oder anderem Unsinn dieser Art. Gib mir Identität, denn sonst reden wir lieber über Baseball oder Angeln – doch, sorry, es tut mir leid, dass ich so emotional reagiere. Ich kann es nicht leiden, wenn Begriffe, die etwas Bestimmtes bezeichnen, für etwas anderes benutzt werden – wenn man also über das Leben nach dem Tode spricht, aber nicht damit meint, dass dieselbe Person weiterhin existieren wird. Das ist doch wirklich eine Mogelpackung!

MILLER: Tut mir leid. Ich versuche ja nur, auf der Höhe der Zeit zu bleiben, wenn du die Wahrheit wissen willst. Denn halte ich Vorlesungen in moderner Theologie oder tausche ich mich mit meinen Studenten aus, die östliche Religionen studieren, scheint die Vorstellung des Lebens nach dem Tode als immerwährende Existenz derselben Person nicht mehr zeitgemäß zu sein. »Die Verschmelzung mit dem Sein! Die Verschmelzung mit dem Sein!« Das ist alles, was ich höre. Meine eigene Überzeugung ist recht simpel, wenn auch etwas vage. Ich denke, dass man weiter leben wird; ob mit oder ohne Körper, das weiß ich nicht. Und *ich* jedenfalls schöpfe Trost aus meiner Überzeugung, dass du und ich wieder zusammen sein werden, nachdem auch ich gestorben bin. Irgendwie werden wir miteinander kommunizieren. Wir werden weiterhin spirituell wachsen. Das ist es, was ich glaube, genauso wie ich glaube, dass ich in diesem Augenblick hier sitze. Denn ich kann mir nicht vorstellen, wie Gott sich aus der Verantwortung stehlen will, wenn dieser kleine Daseinsbereich auf Erden alles sein soll, was uns zugestanden wird. Ich wüsste einfach nicht, warum Er uns dann überhaupt erschaffen hat, wenn diese wenigen Jahre voller Mühsal und Qualen das Ende darstellen sollen –

WEIROB: Denk an unsere Abmachung, Sam. Du brauchst mich nicht davon zu überzeugen, dass ein Leben nach dem Tode wahrscheinlich ist, da wir beide einer Meinung sind, dass du nicht über die erste Phase hinauskommen würdest. Du brauchst mich bloß davon zu überzeugen, dass es möglich ist. Die einzige Bedingung lautet, dass wir hier über das wahre Leben nach dem Tode reden, nicht über irgendein Ersatz-Existieren, das andere Leute als die absolute Auflösung der Existenz beschreiben würden.

MILLER: Ich glaube, ich verstehe nicht ganz, wo das Problem liegt. Natürlich ist es möglich. Du existierst einfach weiter, nachdem dein Körper gestorben ist. Was muss ich da verteidigen oder noch erklären? Du willst Details? Okay. Zwei Menschen treffen sich in eintausend Jahren, an einem Ort, der vielleicht oder vielleicht auch nicht Teil dieses physikalisch fassbaren Universums ist. Ich bin ein Teil davon und du ein anderer. Also hast du überlebt. Das wirst du dir doch vorstellen können. Was gibt es da sonst noch zu sagen?

WEIROB: Aber in ein paar Tagen werde *ich* aufhören zu atmen, *ich* werde in einen Sarg gelegt, *ich* werde beerdigt. Und in wenigen Monaten oder ein paar Jahren werde *ich* nicht mehr sein als ein Häufchen Humus. Das, denke ich, ist offensichtlich, ist gegeben. Wie kommst du dann darauf zu sagen, ich wäre einer dieser Menschen, die in eintausend Jahren leben?

Nehmen wir einmal an, ich würde diese Kleenex-Box nehmen und sie anzünden. Übrig bleibt Asche, die ich zusammenkehre und die Toilette hinunterspüle. Dann sage ich zu dir: Geh nach Hause, und auf dem Regal findest du *genau diese Box mit Kleenex-Tüchern*. Sie hat überlebt! Wäre das nicht vollkommen absurd? Was für einen Sinn ergäbe das? Genau das hast du aber zu mir gesagt. Ich werde verwesen. Aber dann, eintausend Jahre später, bin ich plötzlich wieder da. Wo liegt da der Sinn?

MILLER: Daheim auf dem Regal könnte eine *identische* Box mit Kleenex-Tüchern stehen, die der anderen in jeder Hinsicht gleicht. Und falls man es sich in dieser Weise vorstellt, dürfte es nicht schwierig sein, dass im Jenseits jemand ist, der dir komplett gleicht, obwohl dein Körper verwest ist.

WEIROB: Du jonglierst wieder mit Worten. Es könnte eine *genau gleiche* Box mit Kleenex-Tüchern existieren auf dem Regal. Manchmal benutzen wir »identisch« im Sinne von »genau gleich«, als ob wir von eineiigen Zwillingen sprechen. Spreche ich jedoch in diesem Zusammenhang von »identisch«, so meine ich, dass *Identität* den Zustand der Erinnerung und der korrekten Erwartungshaltung umfasst. Falls mir einer morgen erzählen würde, dass, obwohl ich dann schon tot bin, jemand anders am Leben sein wird, der so aussieht wie ich, so spricht und so denkt wie ich – wäre das denn ein Trost? Könnte ich korrekt *vorwegnehmen*, dessen Erfahrungen zu haben? Würde es für mich Sinn ergeben, dessen Schmerz zu fürchten und mich auf dessen Vergnügen zu freuen? Wäre es richtig für sie, Reue zu empfinden, weil ich dir gegenüber zu schroff bin? Natürlich nicht. Ähnlichkeit, mag sie auch noch so exakt sein, ist nicht Identität. Spreche ich von Identität, dann meine ich damit, dass es nur ein Ding gibt. Sollte ich nach dem Tode weiterleben, dann muss es da eine Person geben, die jetzt in diesem Bett liegt und die sich mit dir im Jenseits unterhält, nach zehn oder nach tausend Jahren. Denn was für Trost könnte ich aus der Vorstellung ziehen, dass es einen Schwindler im Himmel gibt, der dort herumläuft und Anerkennung für die wenigen guten Dinge bekommt, die ich getan habe?

MILLER: Tut mir leid. Ich war eben ein bisschen durcheinander. Ich hätte mich klarer ausdrücken sollen. Nämlich so: Unter der Voraussetzung, dass du lediglich ein lebendiger menschlicher Körper bist – so wie die Kleenex-Box bloß aus einer Anordnung aus Pappe und Klebstoff besteht –, würde der Tod deines Körpers tatsächlich das Ende deiner Existenz bezeichnen. Aber du bist natürlich mehr als das, sogar viel mehr als nur ein Körper. Was dich im Grunde ausmacht, ist nicht dein Körper, sondern deine Seele oder dein Selbst oder dein Geist.

WEIROB: Sind diese Begriffe – Seele, Selbst oder Geist – für dich gleichbedeutend?

MILLER: Vielleicht könnte man sie sorgfältig voneinander unterscheiden, aber darauf möchte ich jetzt nicht eingehen. Ich spreche vielmehr von den nicht physischen und nicht materiellen Aspekten von dir, von deinem Bewusstsein. Genau das meine ich mit diesen Begriffen, und daher denke ich, dass keine weitere Unterscheidung nötig ist.

WEIROB: Bewusstsein? Ich bin bei Bewusstsein, zumindest seit einiger Zeit. Ich sehe, ich höre, ich denke, ich kann mich erinnern. Aber »bei Bewusstsein zu sein« setzt doch etwas voraus, das bei Bewusstsein ist. Und ist das nicht bloß dieser Körper, dasselbe Ding, das übergewichtig und verletzt ist und im Bett liegt? Und das begraben werden wird und in einem Tag oder höchstens einer Woche nicht mehr bei Bewusstsein sein wird?

MILLER: Da du Philosophin bist, würde ich erwarten, dass du bei diesen Themen weniger konfus wärst. Hat Descartes nicht eine klare Unterscheidung zwischen dem Körper und dem Geist vorgenommen? Also zwischen dem übergewichtigen Körper und dem, der Bewusstsein hat? Dein Geist oder deine Seele sind immateriell, angesiedelt in deinem Körper, solange du auf Erden weilst. Die beiden Einheiten sind ganz eng miteinander verknüpft, aber sie sind nicht miteinander identisch. Und das, was uns wirklich bei der Frage nach einem Leben nach dem Tode beschäftigt, ist dein Geist oder deine Seele. Dies muss identisch sein mit der Person, die ich jetzt vor mir sehe, und mit der Person, die ich in tausend Jahren im Himmel zu sehen hoffe.

WEIROB: Dann bin ich also nicht tatsächlich dieser Körper, sondern eine Seele oder eine Psyche oder ein Geist? Und diese Seele kann man nicht sehen oder fühlen, weder berühren noch riechen? Wenn ich das richtig verstehe, liegt das daran, dass die Seele immateriell ist?

MILLER: Genau. Deine Seele kann sehen und riechen, aber sie kann weder gesehen noch gerochen werden.

WEIROB: Lass mich kurz überlegen, ob ich dich richtig verstanden habe. Du würdest doch zugeben, dass ich dieselbe Person bin, mit der du letzte Woche bei Dorsey's zu Mittag gegessen hast.

MILLER: Natürlich bist du dieselbe Person.

WEIROB: Wenn du sagst, ich sei dieselbe Person, dann ist das wohl – wenn ich dich richtig verstehe – keine Aussage über diesen Körper, den du siehst und berühren könntest und, wie ich fürchte, auch riechen kannst. Die Aussage bezieht sich eher auf die Seele, die du weder sehen noch berühren noch riechen kannst. Die Tatsache, dass derselbe Körper, der nun vor dir im Bett liegt, dir bei Dorsey's gegenübersaß, bedeutet noch nicht, dass in beiden Fällen dieselbe *Person* anwesend war, falls dieselbe Seele nicht anwesend war. Wenn aber, aufgrund besonderer Umstände, dieselbe Seele in beiden Fällen anwesend war, aber in zwei verschiedenen Körpern wohnte, dann *hätten* wir es mit ein und derselben Person zu tun. Ist das richtig?

MILLER: Du hast mich genau richtig verstanden. Aber das hast du doch alles schon vorher gewusst!

WEIROB: Warte einen Moment. Ich kann es zwar wiederholen, aber ich bin mir nicht sicher, dass ich es begreife. Unter der Voraussetzung, dass du meine Seele nicht sehen oder in keiner Weise wahrnehmen kannst: Was macht dich dann so sicher, dass die Seele, mit der du es jetzt zu tun hast, genau dieselbe Seele *ist*, mit der du es bei Dorsey's zu tun hattest?

MILLER: Das habe ich doch gerade eben erklärt. Es ist das Gleiche, wenn man sagt, es sei dieselbe Seele oder dieselbe Person. Und natürlich bist du dieselbe Person, die du zuvor warst. Wer solltest du sonst sein, wenn nicht du selbst? Du *warst* Gretchen Weirob und du *bist* Gretchen Weirob.

WEIROB: Aber woher willst du wissen, ob du überhaupt mit Gretchen Weirob sprichst und nicht mit irgendjemand anders, sagen wir mit Barbara Walters* oder Mark Spitz**?

MILLER: Na, das ist doch offensichtlich. Ich sehe doch, mit wem ich spreche.

WEIROB: Aber du siehst nur meinen Körper. Du kannst vielleicht sehen, dass vor dir derselbe Körper ist, der dir letzte Woche bei Dorsey's gegenübergesessen hat. Aber du hast gerade gesagt, dass Gretchen Weirob kein Körper, sondern eine Seele ist. Wenn du festlegst, dass du jetzt dieselbe Person vor dir hast wie letzte Woche, so bildest du dir ein Urteil über Seelen – die, wie du sagtest, weder gesehen noch berührt noch vom Geruch oder Geschmack her wahrgenommen werden können. Also noch einmal meine Frage: Woher willst du wissen, mit wem du sprichst?

MILLER: Nun, ich *kann* sehen, dass ich es jetzt mit demselben Körper zu tun habe, der mir bei Dorsey's am Tisch gegenübersaß. Und ich weiß, dass jetzt dieselbe Seele

* Eine amerikanische Nachrichtensprecherin.

** Ein berühmter Sportler.

mit dem Körper verbunden ist, die auch schon zuvor damit verbunden war. Auf diese Weise weiß ich, dass du es bist. Ich sehe da bei diesem Punkt keine Schwierigkeiten.

WEIROB: Du schlussfolgerst auf der Grundlage des Prinzips »derselbe Körper, dasselbe Selbst«.

MILLER: Ja.

WEIROB: Und würdest du anders herum genauso argumentieren? Angenommen, in diesem Bett läge der Körper von Barbara Walters – also jener Körper, den man jeden Abend in den Nachrichten sehen kann: Würdest du dann folgern, dass nicht ich, also Gretchen Weirob, im Bett liege?

MILLER: Natürlich wäre das meine Schlussfolgerung. Wie solltest du denn auch zu dem Körper von Barbara Walters gekommen sein?

WEIROB: Nun übertrage ich dieses Prinzip aber auf den Himmel, und schon stellst du fest, dass deine Vorstellung von einem Leben nach dem Tode wenig Sinn ergibt. Dieser Körper hier, der begraben werden wird und, wie ich erneut wiederholen muss, *verrotten* wird, wird ganz bestimmt nicht in deinem Jenseits anzutreffen sein: Ein anderer Körper, eine andere Person. Oder willst du behaupten, dass ein Körper auf Erden verrottet und dann plötzlich irgendwo anders auftaucht? Muss ich wieder die Kleenex-Box bemühen?

MILLER: Nein, das behaupte ich nicht. Aber ich übertrage auch kein Prinzip, das verlässlich auf Erden erscheint, auf eine anders geartete Situation wie etwa die im Jenseits. Dass auf Erden eine Korrelation besteht zwischen Körpern und Seelen, lässt es nicht unvorstellbar oder unmöglich erscheinen, dass das eine von dem anderen getrennt werden muss. Prinzipien, die unter bestimmten Bedingungen greifen, greifen nicht selbstverständlich unter gänzlich anderen Bedingungen. Hier, zum Beispiel, passen Januar und Schnee zusammen, und man wäre ein Narr, etwas anderes zu erwarten. Aber dieses Prinzip lässt sich nicht auf Südkalifornien anwenden.

WEIROB: Demnach ist das Prinzip »derselbe Körper, dieselbe Seele« eine bestätigte Regularität und nichts, das man »a priori« weiß.

MILLER: Mit »a priori« meint ihr Philosophen etwas, das man über die tatsächlichen Vorgänge in der Welt ohne zu beobachten, was tatsächlich vor sich geht, wissen kann – ähnlich, wie ich weiß, dass zwei und zwei vier ergibt, indem ich über Zahlen nachdenke. Oder dass kein Junggeselle verheiratet sein kann, wenn ich über die Bedeutung des Begriffs »Junggeselle« nachdenke, oder?

WEIROB: Ja.

MILLER: Dann hast du recht. Wenn die Bedeutung von »derselbe Körper« impliziert, dass wir, wo immer wir denselben Körper haben, auch dieselbe Seele haben, dann müsste diese Gesetzmäßigkeit universell gelten, wie im Himmel, so auch auf Erden. Aber ich behaupte ja nur, dass es sich um eine Verallgemeinerung handelt, die wir aufgrund von Beobachtung auf Erden kennen und die sich nicht automatisch auf den Himmel übertragen lässt.

WEIROB: Aber woher nimmst du dieses Prinzip? Es läuft doch bloß hinaus auf eine Korrelation zwischen dem Umstand, demselben Körper zu begegnen, und dem Umstand, derselben Seele zu begegnen. Falls man überhaupt eine solche Korrelation erstellt, muss man bestimmt *andere* Mittel und Wege haben, um die Gleichheit der Seele zu beurteilen. Eine solche Möglichkeit hast du aber nicht; dein Prinzip hat keine Grundlage. Entweder weißt du tatsächlich nicht, dass die Person, die du jetzt vor dir hast, Gretchen Weirob ist – also genau jene Person, mit der du bei Dorsey's zu Mittag gegessen hast – oder das, was du weißt, hat nichts mit der Gleichheit einer immateriellen Seele zu tun.

MILLER: Moment, Moment. Du weißt, dass ich dir nicht folgen kann, wenn du so mit Argumenten um dich schießt. Welchem furchtbaren Trugschluss soll ich also erlegen sein?

WEIROB: Oh, tut mir leid. Ich war gerade in Fahrt. Hier – quasi als Friedensangebot –, nimm eine von den Pralinen, die Dave mitgebracht hat.

MILLER: Lecker. Danke.

WEIROB: Warum hast du dich jetzt für diese entschieden?

MILLER: Weil sie eine kleine Schneckenform oben hat, die mir sagt, dass Karamell drin ist.

WEIROB: Das bedeutet also, dass eine bestimmte Art von Schneckenform mit einer bestimmten Füllung korreliert – die Pralinen mit Schneckenform sind mit Karamell gefüllt, die mit Rosetten mit Orangencreme und so weiter.

MILLER: Ja. Wenn du es so darstellst, sehe ich eine Übereinstimmung. Weil ich davon ausgegangen bin, dass diese Praline die gleiche Füllung haben würde wie die Praline mit Schneckenverzierung, die ich zuletzt gegessen habe, gehe ich auch davon aus, dass die Seele, mit der ich mich unterhalte, dieselbe ist wie die Seele, mit der ich mich zuletzt unterhalten habe, als ich jenem Körper gegenübersaß. Wir sehen also die äußere Verpackung und schlussfolgern auf das, was sich im Innern befindet.

WEIROB: Aber wie bist du darauf gekommen, dass zwischen einer Schneckenverzierungen dieser Art und dem Karamell im Innern ein Zusammenhang besteht?

MILLER: Nun, weil ich über die Jahre hinweg eine Menge dieser Pralinen gegessen habe. Wann immer ich in eine Praline mit dieser Art von Verzierung biss, stellte ich fest, dass sie mit Karamell gefüllt war.

WEIROB: Hättest du diese Korrelation auch aufstellen können, wenn du nie in eine Praline hättest beißen dürfen und auch nie beobachtet hättest, was passiert, wenn jemand anders in eine solche Praline beißt? Du hättest die Hypothese aufstellen können: »dieselbe Verzierung, dieselbe Füllung«. Aber du hättest daraus keine Gesetzmäßigkeit ableiten können.

MILLER: Wie es aussieht, nein.

WEIROB: Dann wäre in diesem besonderen Fall deine Schlussfolgerung, die Identität der Füllung von der Identität der Schneckenverzierung ableiten zu wollen, gegenstandslos?

MILLER: Ja, in der Tat. Ich glaube, ich ahne, was jetzt kommt.

WEIROB: Da bin ich mir sicher: Da du niemals, sozusagen, in meine Seele beißen kannst, sie niemals sehen oder berühren wirst, hast du keine Möglichkeit, deine Hypothese zu überprüfen, dass die Gleichheit des Körpers auch die Gleichheit des Selbst bedeutet.

MILLER: Ich glaube, du hast recht. Jetzt bin ich aber ein bisschen durcheinander. Was folgt denn nun aus all dem?

WEIROB: Wenn, wie du behauptest, die Identität von Personen in der Identität von immateriellen, nicht sichtbaren Seelen besteht, dann müssten Urteile über die personale Identität – wie wir es jeden Tag machen, wenn wir einen Freund begrüßen oder einen Plagegeist meiden – ja in Wirklichkeit Urteile über solche Seelen sein.

MILLER: Ganz recht.

WEIROB: Sollte es bei diesen Urteilen aber wirklich um Seelen gehen, dann wären sie alle gegenstandslos und nicht fundiert. Denn wir verfügen über keine direkte Methode, um die Gleichheit der Seele zu beobachten, und daher – das ist der Punkt, auf den ich bei dem Pralinen-Beispiel hinauswollte – können wir auch keine indirekte Methode haben.

MILLER: Scheint mir richtig zu sein.

WEIROB: Unsere Urteile über Personen sind jedoch nicht alle einfach gegenstandslos und dumm, und deshalb dürfen wir überhaupt nicht über immaterielle Seelen urteilen.

MILLER: Deine Argumentation hat durchaus Gewicht. Aber ich vermute, dass das Problem in der Verteidigung meiner Position und nicht in der Position selbst liegt. Schau doch – es *gibt* eine Möglichkeit, die Hypothese einer Korrelation doch noch zu testen. Als ich dieses Zimmer betrat, rechnete ich damit, dass du so reagieren würdest, wie du tatsächlich reagiert hast – argumentativ und skeptisch. Hätte die Person mit diesem Körper vollkommen anders reagiert, so hätte mich das bestimmt zu der Schlussfolgerung verleitet, dass du es nicht sein kannst. Hätte diese Person sich, zum Beispiel, beklagt, sie sei nicht in der Lage, in den 6-Uhr-Nachrichten zu erscheinen, und sie vermisse Harry Reasoner* und so weiter, dann hätte ich mich eventuell davon überzeugen lassen, dass nicht du es bist, sondern Barbara Walters. Die Gleichartigkeit von neutralen Eigenschaften – die Einstellung einer Person, ihre Überzeugungen, Gedächtnisinhalte, Vorurteile und dergleichen – ist beobachtbar. Diese Eigenschaften korrelieren mit der Identität des Körpers einerseits und natürlich mit der Gleichheit der Seele andererseits. Demnach kann man eine Verbindung bzw. die Korrelation zwischen Körper und Seele letzten Endes doch mithilfe dieser Zwischenverbindung erstellen.

WEIROB: Und woher willst du das wissen?

MILLER: Was sollte ich wissen?

WEIROB: Dass wir dann, wenn wir von der Gleichheit der mentalen Eigenschaften sprechen, auch von der Gleichheit der Seele sprechen?

MILLER: Jetzt stellst du dich aber wirklich dumm. Die Seele oder der Geist ist genau das, was verantwortlich ist für den Charakter, das Erinnerungsvermögen und die Überzeugungen eines Menschen. Das sind alles Aspekte des Geistes, wie die Größe einer Person, ihr Gewicht und ihre äußere Erscheinung eben Aspekte des Körpers sind.

WEIROB: Um der Argumentation willen lass mich dir eingestehen, dass Überzeugungen, Charaktereigenschaften und Erinnerungsvermögen Zustände des Geistes sind. Das heißt wohl, dass ich dir zugestehe, dass das, was man denkt und fühlt, zurückzuführen ist auf den jeweiligen Geisteszustand, in dem man sich gerade befindet. Und

* Ein amerikanischer Journalist.

ich gestehe sogar zu, dass der Geist etwas Immaterielles ist – obwohl ich große Zweifel hege, ob dies tatsächlich auch so ist. Ich kann nämlich gar nicht erkennen, wie es kommen soll, dass die Ähnlichkeit solcher Eigenschaften die Identität von Geist oder Seele erfordert, oder wie solches auch nur ein kleiner Beweis dafür sein könnte.

Lass mich dir meinen Standpunkt anhand einer Analogie verdeutlichen. Würden wir dieses Zimmer verlassen, an der Mühle vorbei und weiter in Richtung Wilbur gehen: Was würden wir dann sehen?

MILLER: Wir kämen, unter anderem, an den Blue River.

WEIROB: Woher wüsstest du, dass es sich um den Blue River handelt? Ich meine, natürlich: Falls du von hier aus losgehst, rechnest du nicht damit, an den Platte River oder den Niobrara River zu gelangen, klar. Aber stell dir vor, du hättest dich verlaufen und kämst auf deiner Wanderung zum Blue River. Und zwar genau an der Stelle, an der ein alter Damm teilweise den Flussverlauf behindert. Würdest du die wiedererkennen?

MILLER: Klar, sobald ich diese Stelle am Fluss sehen würde, wüsste ich sofort wieder, wo ich bin.

WEIROB: Aber wie würdest du das erkennen?

MILLER: Nun, an dem bräunlichen Wasser, der langsamen Strömung, an dem Unrat im Verlauf des Ufers und so weiter.

WEIROB: Also an dem Zustand des Wassers, das den Fluss bildet, zu dem Zeitpunkt, an dem du es siehst.

MILLER: Genau.

WEIROB: Falls du sauberes, blaues Wasser sehen würdest, in dem Barsche springen, dann wäre dir klar, dass es nicht der Blue River sein kann.

MILLER: Natürlich.

WEIROB: Du gehst also davon aus, dass du, wann immer du den Blue River siehst, das Wasser des Flusses in ähnlichem Zustand vorfindest – zwar sieht es nicht immer exakt gleich aus, weil es manchmal ein bisschen schmutziger ist, aber im großen und ganzen ist es immer gleich.

MILLER: Aber was genau willst du mir damit zeigen?

WEIROB: Jedes Mal, wenn du zum Blue River kommst, besteht er aus *anderem* Wasser. Das Wasser, das noch vor einem Monat dort floss, dürfte inzwischen beim Tuttle Creek Reservoir oder im Mississippi oder längst im Golf von Mexiko angekommen sein. Die *Ähnlichkeit* im Zustand des Wassers – anhand der du beurteilst, dass es sich um denselben Fluss handelt – erfordert daher nicht die *Identität* des Wassers, das sich zu unterschiedlichen Zeiten in einem bestimmten Zustand befindet.

MILLER: Und weiter?

WEIROB: Angenommen, dass du die personale Identität im Hinblick auf Ähnlichkeit der Geisteszustände beurteilst, so folgt daraus noch nicht, dass der Geist oder die Seele in jedem Fall dieselben sind. Mein Punkt ist folgender: Soviel wir wissen, ändert sich die immaterielle Seele, die deiner Ansicht nach in meinem Körper wohnt, womöglich von Tag zu Tag, von einer Stunde auf die andere, von einer Minute zur anderen, und wird jedes Mal durch eine andere Seele ersetzt, die ihr mental ähnelt. Du kannst sie aber weder sehen noch sie berühren. Woher willst du das also wissen?

MILLER: Willst du damit sagen, dass ich im Grunde nicht weiß, wer du bist?

WEIROB: Nein, *du* bist derjenige, der behauptet, die personale Identität bestehe in der Gleichheit dieser immateriellen, nicht wahrnehmbaren, unsichtbaren und unberührbaren Seele. Ich will dir nur zeigen, dass du, *wenn* sie daraus bestünde, keine Ahnung davon haben würdest, wer ich bin. Gleichheit des Körpers bedeutet nicht notwendigerweise Gleichheit der Person. Gleichheit mentaler Eigenschaften bedeutet nicht notwendigerweise Gleichheit der Person. Was ich damit sagen will: Wenn du wirklich weißt, wer ich bin, dann irrst du dich, dass personale Identität in der Gleichheit der immateriellen Seele besteht.

MILLER: Verstehe. Aber Moment mal ... Ich glaube, mein Problem liegt darin, dass ich einfach einen Grundsatz meiner Theorie außer Acht gelassen habe. In meinem eigenen Fall kann die Korrelation erstellt werden. Ich weiß, dass *meine* Seele und mein Körper ganz eng und durchweg zusammen vorkommen. Anhand dieser Beobachtung kann ich die allgemeine These aufstellen – zumindest was das Leben in dieser Welt betrifft –, dass die Gleichheit des Körpers ein verlässliches Zeichen für die Gleichheit der Seele ist. Dadurch wird es für mich verständlich, dass die Verbindung zwischen der jeweiligen Seele und dem jeweiligen Körper nach dem Tode aufgelöst ist.

WEIROB: Aber das wäre doch wohl eher nur ein vermuteter Schluss, oder nicht? Du überträgst etwas, das du bei einem Fall unmittelbar beobachtet hast, auf unzählige andere Fälle, in denen nur der Körper Gegenstand der Beobachtung ist. Denn, wenn ich es richtig verstehe, dann gehen wir für gewöhnlich davon aus, dass das Prinzip

»ein Körper, eine Seele« Gültigkeit besitzt, und zwar sowohl für jeden Menschen, der jetzt lebt, als auch für all die anderen, die da waren und bereits gestorben sind.

MILLER: Das scheint mir kein unüberwindbares Hindernis zu sein. Da mein Fall keine Besonderheiten aufweist, gehe ich davon aus, dass die Anordnung, die ich darin erkenne, universell anwendbar ist, bis es für mich einen Grund gibt, meine Ansicht zu ändern. Und bislang gab es für mich keinen Grund dazu, meine Ansicht zu ändern.

WEIROB: Lassen wir das einmal außen vor. Für mich stellt sich da noch ein ernsteres Problem. Woher willst du in deinem Fall wissen, dass es nur eine einzige Seele ist, die bislang so eng mit deinem Körper verbunden ist?

MILLER: Das meinst du doch jetzt nicht ernst, Gretchen, oder? Wieso sollte ich daran zweifeln, dieselbe Person zu sein, die ich immer schon war? Gibt es etwas, das klarer und deutlicher sein könnte und weniger anfällig für Zweifel? Wie soll ich dir etwas beweisen, wenn du imstande bist, mir meine fortdauernde Existenz abzusprechen, eine Existenz, die von einer Sekunde zur nächsten verläuft? Falls wir keine Kenntnis von unserer eigenen Existenz haben sollten, so wäre alles, was wir denken und tun, sinnlos. Wie sollte ich zum Denken fähig sein, wenn ich nicht davon ausgehen würde, dass jene Person, die meinen Gedanken beginnt, auch genau jene Person ist, die ihn zu Ende führt? Gehe ich nicht dann, wenn ich etwas tue, davon aus, dass jene Person, die eine bestimmte Absicht verfolgt, genau die Person ist, die diese Absicht in die Tat umsetzt?

WEIROB: Ich räume ein, dass man seit deiner Geburt eine einzelne *Person* mit deinem Körper assoziiert hat. Die

Frage ist aber doch, ob man auch eine immaterielle Seele damit in Verbindung gebracht hat – oder anders gesagt: ob du überhaupt in der Lage bist, das zu erkennen. Du glaubst, dass eine Beurteilung, all die Jahre habe ein und dieselbe Person immer schon deinen Körper besessen, auch ein Urteil darüber ist, ein und dieselbe immaterielle Seele habe immer schon in diesem Körper gewohnt. Und ich behaupte, dass derartige Beurteilungen bezüglich der Seele vollkommen rätselhaft sind. Gesetzt den Fall, unsere Kenntnis von der Gleichheit der Personen würde in der Kenntnis von der Gleichheit der immateriellen Seele bestehen, so wäre das ebenfalls vollkommen rätselhaft. Solltest du betonen, dies sei nicht rätselhaft, sondern womöglich das gesichertste Wissen, das wir haben – also die Grundlage aller Vernunft und Handlungen –, so behauptest du damit doch, dass es nicht in der Kenntnis von Identität einer immateriellen Seele bestehen kann.

MILLER: Du hast bloß behauptet, dass meine Beurteilung, eine einzelne Seele habe all die Jahre in meinem Körper gewohnt, rätselhaft ist. Den Nachweis dafür hast du nicht erbracht.

WEIROB: Nun, betrachten wir einmal diese verschiedenen Möglichkeiten. Eine lautet, dass eine einzelne Seele, ein und dieselbe, immer schon in diesem Körper gewesen ist, den ich seit meiner Geburt meinen Körper nenne. Die andere lautet, dass bis vor fünf Jahren eine Seele mit dem Körper assoziiert war, von da an aber von einer anderen ersetzt wurde, von einer, die der ersten Seele mental ähnlich war und sämtliche alten Erinnerungen und Überzeugungen übernommen hat. Eine dritte Hypothese könnte lauten, dass alle fünf Jahre eine andere Seele die Führung übernimmt. Oder alle fünf Minuten kommt eine neue Seele. Die radikalste These würde wohl sein, dass es in diesem Körper einen konstanten Strom von Seelen gibt, und jedes Mal ist die neue Seele mental ähnlich beschaffen wie die vorige Seele, vergleichbar mit dem konstanten Fließen der Wassermoleküle unten im Blue River. Was für Beweise habe ich aber nun dafür, dass die erste Hypothese, also die »einzelne-Seelen-Hypothese«, wahr ist und nicht etwa die anderen? Weil ich dieselbe Person bin, die ich vor fünf Minuten oder vor fünf Jahren war? Aber der Punkt, um den es geht, besteht doch einfach nur in der Frage, ob wir von der Gleichheit der Person, die ja nicht angezweifelt wird, die Gleichheit der Seele ableiten können. Und die Gleichheit des Körpers? Wie schaffe ich überhaupt eine stabile Beziehung zwischen der Seele und dem Körper? Und wie sieht es aus mit der Gleichheit der Gedanken und Empfindungen? Sie befinden sich doch in einem beständigen Fluss. Es liegt in der Natur der Sache, dass man dann, wenn man die Seele nicht wahrnehmen kann, auch nicht wahrnehmen kann, ob es dieselbe Seele ist. Tatsächlich wurde dem Ausdruck »dieselbe Seele« noch nie irgendein Sinn gegeben. Und man könnte ihr auch keinen Sinn geben. Denn dafür müsste man festlegen, wie eine einzelne Seele aussieht oder sich anfühlt oder wie sich eine Begegnung mit einer einzelnen Seele zu unterschiedlichen Zeiten von Begegnungen mit verschiedenen Seelen unterscheidet. Das lässt sich jedoch wohl kaum durchführen, da eine Seele gemäß deiner Auffassung nichts anderem auf der Welt gleicht und sich auch nicht wie *irgendetwas* anfühlt, das wir kennen. Und deshalb können

»Seelen« natürlich kein Prinzip der Identität bieten. Also können sie auch nicht dazu verwendet werden, die Kluft zwischen meiner Existenz jetzt und meiner Existenz im Jenseits zu überbrücken.

MILLER: Zweifelst du denn an der Existenz deiner eigenen Seele?

WEIROB: Meine Argumentation gründet sich nicht darauf, ob es keine immateriellen Seelen von der Art gibt, wie du sie beschreibst, sondern lediglich darauf, dass sie für die Frage der personalen Identität völlig irrelevant sind, also auch in Bezug auf die Frage des persönlichen Weiterlebens. Ich hege in der Tat große Zweifel, ob es irgendwelche immateriellen Seelen von der Art gibt, auf die du dich beziehst. Können wir aber überhaupt eine Vorstellung von einer Seele haben, wenn wir nicht eine Vorstellung von *derselben* Seele haben? Ich hoffe aber, dass du jetzt nicht glaubst, dass das bedeutet, ich würde meine eigene Existenz anzweifeln. Ich denke, dass ich hier liege, übergewichtig und bei Bewusstsein. Ich denke, dass du mich sehen kannst, nicht nur eine äußere Hülle, denn ich denke, dass ich ein lebender menschlicher Körper bin. Das ist aber nicht die Grundlage meiner Argumentation. Diese Seelen: geschenkt! Ich stelle bloß fest, dass sie von ihrer Beschaffenheit her gesehen kein Prinzip der personalen Identität liefern können.

MILLER: Ich gebe zu, dass ich darauf keine Antwort weiß.

Ich fürchte, ich bin dir kein Trost, obwohl ich dir ein wenig Unterhaltung bieten konnte. Emerson* sagt, ein

* Ralph Waldo Emerson (1803–1882), amerikanischer Schriftsteller und Philosoph.

bisschen Philosophie lenke einen von der Religion ab, aber das tiefere Verständnis führe einen wieder zu ihr zurück. Ich kenne niemanden, der so lange und so intensiv über Philosophie nachgedacht hat wie du. Wird dich das nie zurückführen zu einem religiösen Gemütszustand?

WEIROB: Mein früherer Mann sagte immer, ein bisschen Philosophie lenke einen ab von der Religion, und mehr Philosophie gehe einem auf die Nerven. Vielleicht war er näher dran an der Wahrheit als Emerson.

MILLER: Ja, vielleicht. Aber vielleicht habe ich morgen Abend ein besseres Argument.

WEIROB: Ich hoffe, dass ich dann noch lebe, um es mir anzuhören.

WEIROB: Nun, Sam, hast du einen Weg herausbekommen, wie man sinnvollerweise von der Identität immaterieller Seelen ausgehen kann?

MILLER: Nein. Ich bin jetzt der Meinung, dass es ein Fehler war, meine Argumentation auf eine so zweifelhafte Idee zu gründen.

WEIROB: Hast du dann die Idee eines Weiterlebens nach dem Tode aufgegeben? Ich bin nämlich der Meinung, dass es für einen Geistlichen schwer wäre, mit so einer Position zu leben, und ich hätte wirklich ein schlechtes Gewissen, wenn ich dich dahin gebracht hätte.

MILLER: Mach dir keine Sorgen. Ich bin mehr denn je davon überzeugt. Ich bin die ganze letzte Nacht aufgeblieben, habe nachgedacht und gelesen, und ich bin sicher, dass ich dich jetzt überzeugen kann.

WEIROB: Beeil dich aber bitte ein bisschen, denn uns läuft die Zeit davon.

MILLER: Lass mich zuerst einmal erklären, warum ich mit deiner Auffassung, nach der personale Identität nur körperliche Identität sein soll, unzufrieden bin – und zwar unabhängig von meiner Absicht, die Überzeugung von einem Weiterleben nach dem Tode zu verteidigen. Meine Argumentation wird deiner recht ähnlich sein, mit der du mich nämlich überzeugt hast, dass personale Identität nicht mit der Identität einer immateriellen Seele gleichgesetzt werden kann.

Stell dir eine Person vor, die morgens früh aufwacht, der zwar alles bewusst ist, die aber noch nicht die Augen öffnen, umherschauen und sozusagen den neuen Tag offiziell beginnen lassen kann.

WEIROB: Ich gebe zu, dass mir ein solcher Zustand durchaus vertraut ist.

MILLER: Nun, kann eine solche Person nicht sagen, wer sie ist? Mit anderen Worten: Kann sie wirklich nicht sagen, wer sie ist, ehe sie die Augen öffnet und umherschaut und insbesondere ehe sie auf ihren Körper sieht oder irgendwelche Urteile über ihn abgibt? Mit Sicherheit wissen die meisten von uns morgens, wer sie sind, ehe sie die Augen öffnen und ihren Körper so wiedererkennen – oder?

WEIROB: Damit scheinst du recht zu haben.

MILLER: Ein solches Urteil aber, wie diese Person es abgibt – wir gehen davon aus, dass sie urteilt: »Ich bin Gretchen Weirob« –, *ist* durchaus ein Urteil über personale Identität. Nehmen wir an, sie sagt zu sich: »Ich bin dieselbe Person, die gestern Abend mit Sam Miller argumentiert hat.« Das ist nun ganz klar eine Aussage über ihre Identität mit jemandem, der den Abend zuvor lebte. Und dieses Urteil konnte sie abgeben, ohne irgendwelche Urteile über ihren Körper zu machen. Dieses Urteil hättest du demnach durchaus heute Morgen abgeben können, ehe du die Augen öffnetest.

WEIROB: Nun, das habe ich auch tatsächlich gemacht. Ich ging unser Gespräch von gestern Abend noch einmal durch und sagte mir: »Könnte es wirklich sein, dass ich die unhöfliche Person bin, die Sam Millers Bemühungen, mich zu trösten, so in den Wind geschlagen hat?« Und natürlich war meine Antwort, dass ich diese unhöfliche Person nicht nur sein konnte, sondern, dass ich sie auch tatsächlich war.

MILLER: Aber dann kann nach demselben Prinzip, das du

in Bezug auf gestern Abend benutzt hast, personale Identität keine körperliche Identität sein. Denn du sagtest, es könnte sich nicht um Identität der immateriellen Seele handeln, weil wir unser Urteil nicht in Bezug darauf abgaben, sondern in Bezug auf personale Identität. Wie mein Beispiel jedoch zeigt, urteilen wir in genau derselben Weise nicht in Bezug auf körperliche Identität, wenn wir ein Urteil in Bezug auf personale Identität abgeben. Denn wir können durchaus ein Urteil darüber abgeben, wer wir sind, und darüber, dass wir dieselbe Person sind, die dieses und jenes auf diese und jene Art und Weise gemacht hat, ohne dabei überhaupt irgendein Urteil über unseren Körper abzugeben. Während also personale Identität vielleicht nicht in der Identität mit einer immateriellen Seele besteht, so besteht sie aber auch nicht in der Identität mit einem materiellen Körper.

WEIROB: Ja, du erinnerst dich richtig; ich habe so argumentiert. Ich habe aber auch gesagt, dass die Vorstellung der Identität einer immateriellen, nicht wahrnehmbaren, ausdehnungslosen Seele überhaupt keinen Sinn macht. Das ist einer der Gründe dafür, warum es eben das nicht sein kann, über das wir ein Urteil abgeben, wenn unser Urteil sich auf die personale Identität bezieht. Sinn ergibt aber zumindest körperliche Identität. Vielleicht nehmen wir tatsächlich eine Identität des Körpers an, ohne dass wir ihn ansehen.

MILLER: Akzeptiert. Aber du gibst doch zu, dass wir in dem uns selbst betreffenden Fall kein Urteil über körperliche Identität abzugeben brauchen, um über personale Identität zu urteilen?

WEIROB: Ich glaube nicht, dass ich das zugeben werde.

Aber ich lasse es erst einmal durchgehen, damit wir weitermachen können.

MILLER: Okay. Es scheint mir jetzt so zu sein, dass wir uns sogar vorstellen können, dass wir aufwachen und bemerken, dass wir einen *ganz anderen* Körper haben als vorher. Nimm dich erst einmal selbst, so wie ich dich beschrieben habe. Und dann nimm mal an, dass du schließlich die Augen öffnest und plötzlich nicht mehr den Körper siehst, der dir über die Jahre hin so vertraut geworden ist, sondern einen Körper von grundlegend anderer Form und Größe.

WEIROB: Nun, ich würde annehmen, dass ich eine ziemlich lange Zeit geschlafen und eine Menge Gewicht verloren hätte – vielleicht war ich ein Jahr oder so im Koma.

MILLER: Aber ist es nicht wenigstens vorstellbar, dass es auch mal gar nicht dein alter Körper sein muss? Also ich kann mir vorstellen, dass ich mit einem ganz neuen Körper aufwache.

WEIROB: Und wie wäre der dann deiner Meinung nach zustande gekommen?

MILLER: Das ist überhaupt nicht der Punkt. Ich behaupte ja nicht, dass ich mir einen Prozess vorstellen könnte, durch den das bewerkstelligt wird. Ich behaupte nur, dass ich mir vorstellen kann, dass mir so etwas geschieht. In Kafkas *Die Verwandlung* wacht jemand als »ungeheures Ungeziefer« auf. Ich kann mir zwar nicht vorstellen, durch welche Ursache dies mir oder irgendjemandem anders zustoßen könnte, wohl aber, dass ich mit dem Körper dieses »Ungeziefers« aufwachen könnte. Ich bestreite gar nicht, dass das nicht glaubwürdig ist, dass dies jemals passiert, ich behaupte nur, dass ich mir diese Erfahrung vorstellen kann. Ein solcher Vorgang erscheint nicht widersprüchlich oder inkohärent zu sein, nur eben unwahrscheinlich und unerklärlich.

WEIROB: Gut. Falls ich zugebe, dass man sich das vorstellen kann: Was folgt dann aber daraus?

MILLER: Nun, ich denke, es folgt daraus, dass personale Identität eben nicht mit körperlicher Identität gleichzusetzen ist. Denn ich würde bei der Entdeckung, dass ich einen neuen Körper hätte, nicht den Schluss ziehen, dass ich nicht dieselbe Person wie vorher wäre. Ich wäre wirklich dieselbe *Person*, obwohl ich nicht denselben *Körper* hätte. Wir hätten also personale Identität, aber keine körperliche Identität. Personale Identität kann also nicht einfach körperliche Identität bedeuten.

WEIROB: Nehmen wir einmal an – und ich betone *annehmen* –, dass ich dir das alles einräume. Wohin bringt dich das aber? Was habe ich dann deiner Meinung nach als dasselbe erkannt, wenn es nicht mein Körper oder meine immaterielle Seele ist?

MILLER: Ich behaupte ja gar nicht, dass du irgendetwas als dasselbe erkannt hast, mit Ausnahme eben der dabei beteiligten Person, also deiner selbst.

WEIROB: Ich bin nicht sicher, dass ich dich verstehe.

MILLER: Lass uns dein früheres Beispiel wieder aufgreifen, nämlich den Blue River. Nehmen wir an, ich bringe einen Besucher zu dem Flussabschnitt bei der Alten Mühle und im Anschluss nach Manhattan, Kansas. Ungefähr nach einer Stunde Fahrt sehen wir einen anderen Flussabschnitt, und ich sage: »Das ist derselbe Fluss, den wir heute Morgen gesehen haben.« Wie du auch schon gestern sagtest, meine ich damit nicht, dass man beide Male dieselben Wassermoleküle sieht. Auch sind die Orte verschieden, vielleicht hundert Meilen voneinander entfernt. Und auch das Aussehen, die Farbe und der Grad der Verschmutzung sind vielleicht alle ganz anders. Was sehe ich also beim zweiten Mal, das mit dem identisch ist, was ich beim ersten Mal gesehen habe?

WEIROB: Nichts anderes als den Fluss selbst.

MILLER: Genau. Beachte jetzt aber, dass das, was ich sehe, genau genommen nicht der ganze Fluss, sondern nur ein Teil von ihm ist. Ich sehe beide Male verschiedene Abschnitte desselben Flusses. Falls wir uns also darauf beschränken, was ich buchstäblich sehe, gebe ich damit gar kein Urteil über Identität ab, sondern über etwas anderes.

WEIROB: Und was könnte das sein?

MILLER: Falls ich behaupte, dass der Fluss, den ich vorher gesehen habe, und der Fluss, den ich später gesehen habe, ein und derselbe Fluss sind, meine ich damit irgendetwas anderes als die Tatsache, dass der später betrachtete und der früher betrachtete Flussabschnitt mit anderen Flussabschnitten verbunden sind?

WEIROB: Das dürfte stimmen. Natürlich nur unter der Voraussetzung, dass die Flussabschnitte so miteinander verbunden sind, dass es sich um nur einen einzigen Fluss handelt, von dem beide Abschnitte die Teile sind.

MILLER: Ja, genau das meine ich. Die Identitätsaussage »Dieser Fluss ist derselbe, den wir heute Morgen gesehen haben« ist in einem gewissen Sinne eine Aussage über Flüsse. In einem anderen Sinne aber ist die Aussage auch eine Feststellung über Wasserlaufabschnitte.

WEIROB: Dann geht es bei alledem also um Besonderheiten bei Flüssen?

MILLER: Ganz und gar nicht! Es handelt sich vielmehr um ein immer wieder auftretendes Muster. Schließlich haben wir andauernd mit Objekten zu tun, die sich räumlich und zeitlich ausdehnen. Selten wird uns dabei aber das Ganze der jeweiligen Objekte bewusst, meistens erfahren wir nur Teile oder Abschnitte ihrer Geschichte. Normalerweise geben wir bei unseren Aussagen in Wirklichkeit ein Urteil darüber ab, dass verschiedene Teile in einem passenden Muster zusammengehören, es sei denn unsere Identitätsaussage ist schlicht trivial wie etwa: »Dieses Bett ist dieses Bett.«

WEIROB: Ich bin immer noch nicht sicher, dass ich verstehe, was du meinst.

MILLER: Lass mich dir ein anderes Beispiel geben: Nimm einmal an, wir sehen ein und derselben Mannschaft beim ersten von zwei aufeinanderfolgenden Baseball-Spielen zu. Du fragst mich: »Ist dieses Spiel mit diesem Spiel identisch?« Das ist eine völlig dämliche Frage, obwohl sie natürlich, strenggenommen, sinnvoll und die Antwort »ja« lautet.

Nimm weiter an, du gehst im sechsten Inning weg und holst dir einen Hotdog. Du wirst aufgehalten und kommst nach ungefähr einer Dreiviertelstunde zurück. Du fragst: »Ist dies dasselbe Spiel, bei dem ich zugesehen habe?« Nun ist deine Frage nicht dämlich, sondern völlig angemessen.

WEIROB: Denn das erste Spiel könnte dann, wenn ich zurückkomme, immer noch im Gange sein oder das zweite Spiel vielleicht bereits angefangen haben.

MILLER: Genau. Das bedeutet, dass irgendwie verschiedene Teile des Spiels – verschiedene Innings oder zumindest verschiedene Spielverläufe – in deiner Frage angesprochen waren. Deshalb war die Frage nicht dämlich oder trivial, sondern sinnvoll.

WEIROB: Du denkst also, dass Urteile bezüglich der Identität eines Objekts einer bestimmten Art – unabhängig davon, ob es Flüsse oder Baseball-Spiele oder sonst etwas sind – eigentlich Urteile bezüglich der *Teile* dieser Dinge sind, die in einer bestimmten Art miteinander verbunden sind und nur dann Sinn ergeben, wenn es sich um verschiedene Teile handelt. Ist das dein Punkt?

MILLER: Ja, und ich glaube, das ist ein ganz wichtiger Punkt. Wie töricht wäre es bei einer Frage über die Identität von Baseballspielen, würden wir nach etwas *anderem* fragen als nach dem Spiel als einem Ganzen, das stets dasselbe sein muss. Es ist dasselbe Spiel, selbst wenn es sich um andere Spieler handelt, und auch selbst dann, wenn das Spiel auf einem anderen Platz stattfindet. All diese Elemente, die Innings, die Spielverläufe, die Spieler, das Spielfeld, brauchen zu den verschiedenen Zeiten nicht dieselben zu sein, damit das Spiel dasselbe ist. Sie müssen nur auf eine bestimmte Art und Weise miteinander verknüpft sein, damit das komplexe Ganze entsteht, das wir als ein Spiel bezeichnen.

WEIROB: Du meinst also, dass es ein unnützes Unterfangen war zu fragen, ob es die Identität der Seele oder die des Körpers ist, die mit der Identität der Person zusammenhängt?

MILLER: Ja. Jetzt würde ich antworten: Keine von beiden. Wir befassen uns ja mit der Identität der Person. Natürlich, sollten wir mit »Seele« nichts anderes als »Person« meinen, dann gibt es kein Problem. Aber falls wir, so wie ich das gestern tat, etwas anderes meinen, dessen Identität bereits impliziert wird, etwas, was identisch sein muss, wenn Personen identisch sind, machen wir uns mit diesen Worten nur etwas vor.

WEIROB: Bei Flüssen oder Baseballspielen sehe ich durchaus ein, dass sie aus Teilen bestehen, die auf eine bestimmte Art und Weise miteinander verknüpft sind. Natürlich ist die Verknüpfung in den beiden Fällen jeweils verschieden, so wie auch die Art des »Teils« jeweils eine andere ist. Flussabschnitte müssen mit anderen Flussabschnitten physisch verknüpft sein, um ein kontinuierliches Ganzes zu bilden. Baseball-Innings müssen so miteinander verbunden sein, dass der Spielstand, die Schlagreihenfolge usw. von dem ersten auf das spätere Spiel gemäß den Regeln übertragen werden können. Kann man über Personen etwas Analoges aussagen?

MILLER: Autoren, die sich damit befasst haben, sprechen von »personalen Phasen«. Damit meinen sie eine gewisse zeitliche Ausdehnung des Bewusstseins, so wie du und ich das jetzt gerade erfahren. Mir ist ein Gedanken- und Gefühlsfluss bewusst, der zu mir gehört, und bei dir ist das entsprechend. Eine Person ist einfach ein Ganzes, das aus solchen Zeitabschnitten als Teilen besteht. Dieses Ganze ist aber keine den Teilen zugrundeliegende Substanz, wie ich noch gestern annahm; es ist jedoch auch nicht der Körper, in dem die Teile sich manifestieren, wie du offenbar annimmst. Das ist der Begriff von »Person«, den ich heute hier verteidigen möchte.

WEIROB: Demnach wäre es dies: Als ich aufwachte und zu mir sagte: »Ich bin diejenige, die gestern Abend zu Sam Miller so unhöflich war«, so gab ich damit ein Urteil über

Folgendes ab: Ein gewisser zeitlicher Bewusstseinsabschnitt, den ich dabei wahrnahm, und ein früherer Bewusstseinsabschnitt, den ich nach meiner Erinnerung wahrgenommen hatte, bilden ein selbständiges Ganzes der dazu passenden Art – man könnte sagen: einen einzelnen Bewusstseinsstrom.

MILLER: Ja, genau das ist es. Du brauchst dir gar keine Gedanken darüber zu machen, ob es sich dabei jedes Mal um dieselbe immaterielle Seele handelt, nicht einmal darüber, ob das überhaupt sinnvoll ist. Du brauchst dich auch nicht darum zu kümmern, ob es immer derselbe Körper ist, was du ja ohnehin nicht machst, da du nicht einmal die Augen aufmachen musst, um nachzuschauen. Identität ist, sozusagen, nicht etwas unterhalb der personalen Phasen, Identität ist auch nicht in etwas, mit dem diese Phasen verknüpft wären, sondern Identität ist etwas, was du aus ihnen aufbaust.

Deshalb kann man nun deutlich erkennen, dass der Gedanke eines Lebens nach dem Tode gar kein Problem ist, wenn wir erst einmal diesen Begriff der personalen Identität haben. Du brauchst nur anzunehmen, dass es im Himmel ein Wesen mit Bewusstsein gibt und dass die personalen Phasen, die dieses Wesen ausmachen, in einem passenden Verhältnis zu den personalen Phasen stehen, die dich gegenwärtig ausmachen, sodass sie Teile desselben Ganzen sind – und dasselbe Ganze bist du. Falls das so ist, hast du den Tod überlebt. Gibst du jetzt zu, dass ein Weiterleben nach dem Tode zumindest möglich ist?

WEIROB: Langsam, langsam! So leicht ist es nicht, mich zu trösten. Du wirst erst noch aufzeigen müssen, dass es möglich ist, dass diese personalen Phasen oder Zeitabschnitte des Bewusstseins in angemessener Weise miteinander in Beziehung stehen. Und um das zu tun, musst du mir doch bestimmt auch sagen, um welche Art und Weise genau es sich handelt, oder nicht?

MILLER: Ja, natürlich. Ich habe den zweiten Schritt vor dem ersten getan. Genau an diesem Punkt unserer Unterhaltung merke ich, dass meine Lektüre besonders nützlich war. In einem Kapitel seiner Abhandlung *An Essay Concerning Human Understanding* diskutiert Locke genau diese Frage. Er entwickelt den Gedanken, dass die Beziehung zwischen personalen Phasen oder Zeitabschnitten des Bewusstseins, durch die sie erst Zeitabschnitte einer individuellen Person werden, schlicht darin besteht, dass der spätere Zeitabschnitt Erinnerungen an den früheren enthält. Locke sagt dies zwar nicht ausdrücklich, er spricht aber davon, dass »wir unser Bewusstsein in die Vergangenheit hinein ausdehnen«. Er scheint dabei an Gedächtnisinhalte zu denken.

WEIROB: Dann gehört also jeder Gedanke, jedes Gefühl, jede Absicht oder jeder Wunsch in der Vergangenheit, an die ich mich erinnern kann, mir?

MILLER: Das stimmt. Ich kann mich nur an meine eigenen vergangenen Gedanken und Gefühle erinnern, und entsprechend du an deine. Dem würde jeder natürlich zustimmen. Die Erkenntnis Lockes besteht nun darin, diese Beziehung als den Ursprung der Identität und nicht als dessen Folge aufzufassen. Die Fähigkeit einer Person, die in der Vergangenheit Bewusstsein hatte, sich an die eigenen Gedanken und Gefühle zu erinnern, macht erst eigentlich das Sein dieser Person aus.

Es lässt sich nun leicht einsehen, dass dieser Ansatz das Problem der Möglichkeit eines Weiterlebens nach dem Tode löst. Wie schon gesagt, alles was du tun musst, ist, dir eine Person in einer zukünftigen Zeit vorzustellen, eine Person, die nicht auf dieser Erde ist und nicht deine gegenwärtigen Gedanken und Gefühle hat, die sich aber genau an unser jetziges Gespräch erinnert. Dies erfordert nicht Identität von irgendetwas anderem, sondern nur eine Identität der Person. Gestehst du das jetzt ein?

WEIROB: Nein.

MILLER: Nun, wo liegt denn jetzt das Problem?

WEIROB: Ich gebe zu, dass in dem Fall, dass ich mich an einen Gedanken oder ein Gefühl einer Person in der Vergangenheit erinnere, ich unter dieser Voraussetzung tatsächlich diese Person sein muss. Obwohl ich mich durchaus daran erinnern kann, wie ich andere Menschen beim Nachdenken beobachtet habe, so kann ich mich jedoch nicht an ihr Denken selbst erinnern, genauso wenig wie ich es in der Zeit, in der es stattfindet, erleben kann, da es das Denken anderer und nicht meines ist. Darin besteht der Kern der Ideen Lockes, und ich sehe keinen Grund, diese Auffassung zu bestreiten.

Wir müssen jedoch – und du wirst dem sicher zustimmen – zwischen dem *tatsächlichen* und dem nur *scheinbaren* Sich-Erinnern unterscheiden. Viele Männer, die glauben, sie seien Napoleon, behaupten, dass sie sich an die Niederlage in der Schlacht von Waterloo erinnern. Dabei dürfen wir davon ausgehen, dass sie dies wirklich glauben und sich tatsächlich an diese zu erinnern scheinen. Sie erinnern sich jedoch nicht wirklich, weil sie eben nicht bei dem Kampfgeschehen zugegen waren und nicht Napoleon sind.

MILLER: Natürlich gebe ich zu, dass man zwischen tatsächlicher und nur scheinbarer Erinnerung unterscheiden muss.

WEIROB: Und ich bin fest davon überzeugt, dass du auch zugeben wirst, dass das Denken einer Person, die örtlich und zeitlich von mir entfernt lebt und die sich an unser Gespräch zu erinnern scheint, mir nicht jene Art von Trost gewähren könnte, den die Aussicht auf ein Weiterleben nach dem Tode ja spenden soll. Ich hätte auch keinen Grund, weitere zukünftige Sinneserfahrungen dieser Person freudig zu erwarten, nur deshalb, weil sie sich an meine Erfahrungen *scheinbar* erinnern sollte. Die Sinneserfahrungen einer solchen irregeführten Schwindlerin selbst zu erleben ist in der Tat nichts, auf das ich mich freuen könnte.

MILLER: Dem kann ich nur zustimmen.

WEIROB: Demnach beweist die bloße Möglichkeit, dass sich jemand in der Zukunft an dieses Gespräch zu erinnern scheint, nicht die Möglichkeit meines Weiterlebens nach dem Tode. Nur die Möglichkeit, dass jemand sich wirklich an dieses Gespräch – oder, um genauer zu sein, an die Sinneserfahrungen, die ich mache – erinnert, würde das beweisen.

MILLER: Natürlich. Aber worauf willst du hinaus? Wo liegt das Problem? Ich kann mir schon vorstellen, dass jemand irregeführt wird, aber eben auch, dass jemand tatsächlich mit dir identisch ist und sich an deine jetzigen Gedanken erinnert.

WEIROB: Worin liegt denn da der Unterschied? Wie willst

du wissen, *welche* der beiden Möglichkeiten du dir gerade vorstellst und *was* von diesen du als möglich aufgezeigt hast?

MILLER: Nun, ich stelle mir einfach das eine, nicht aber das andere vor. Ich finde deine Argumentation nicht überzeugend.

WEIROB: Ich will versuchen, die Frage mit einem anderen Beispiel zu verdeutlichen. Stell dir zwei Personen vor. Die eine spricht gerade mit dir, sagt also etwas Bestimmtes, hat bestimmte Gedanken usw. Die andere Person spricht überhaupt nicht mit dir, weil sie sich in einem angrenzenden Raum befindet und gerade hypnotisiert wird. Der Hypnotiseur gibt der Person einen posthypnotisch wirkenden Bewusstseinsinhalt, sodass sie sich beim Aufwachen daran erinnern wird, dass sie an etwas Bestimmtes gedacht und dir etwas Bestimmtes gesagt hat. Die Gedanken und die Worte, die der Hypnotiseur erwähnt, sind nun zufällig genau die Gedanken und Worte, die die erste Person gehabt bzw. geäußert hat. Verstehst du die Situation?

MILLER: Ja, sprich ruhig weiter.

WEIROB: Nun, mit der Zeit werden beide Personen Äußerungen tun, die beginnen mit: »Ich erinnere mich daran, wie ich Sam Miller ... gesagt habe«, und mit: »Ich erinnere mich daran, wie ich beim Gespräch mit Sam Miller das und das gedacht habe.« Beide berichten also über ihre Erinnerung an dieselben Gedanken und Äußerungen. Die eine Person hat jedoch eine echte Erinnerung, die andere nur eine scheinbare – ja?

MILLER: Natürlich.

WEIROB: Welche Person erinnert sich nun *tatsächlich*?

MILLER: Nun, es ist natürlich die, die bei mir im Zimmer war und sich mit mir unterhielt. Die andere Person ist nur unter dem Einfluss der Suggestion des Hypnotiseurs und erinnert sich nicht tatsächlich daran, überhaupt mit mir gesprochen zu haben.

WEIROB: Du stimmst mir also darin zu, dass der Unterschied zwischen den beiden nicht in dem Inhalt dessen besteht, was sie jetzt gerade denken oder sagen.

MILLER: Ja, da stimme ich zu. Der Unterschied liegt in der Beziehung zu dem vergangenen Denken und Sprechen. In dem einen Fall liegt eine richtige Erinnerungsbeziehung vor, in dem anderen nicht.

WEIROB: Aber beide erfüllen teilweise die Bedingungen des Sich-Erinnerns, denn beide *scheinen sich zu erinnern*. Es muss also noch eine andere Bedingung geben, die die eine Person erfüllt, die andere aber nicht. Ich versuche jetzt also, dich dahin zu bringen, dass du benennst, worin diese weitere Bedingung besteht.

MILLER: Nun, ich sagte ja, dass die Person, die bei mir im Zimmer war, sich tatsächlich erinnert.

WEIROB: Mit anderen Worten: Hat man im Hinblick auf frühere Gedanken oder Handlungen zwei mutmaßliche Erinnerungsträger, so ist der tatsächliche Erinnerungsträger der, der sich nicht nur daran zu erinnern scheint, sondern die Gedanken tatsächlich gehabt und die Äußerungen tatsächlich getan hat.

MILLER: Ja.

WEIROB: Das bedeutet also, dass es die Person ist, die mit jener identisch ist, die die früheren Gedanken gehabt und die Äußerungen getan hat.

MILLER: Ja, das gebe ich zu.

WEIROB: Deine Argumentation läuft also auf Folgendes hinaus: Ein Weiterleben nach dem Tode ist möglich, weil vorstellbar. Es ist vorstellbar, weil meine Identität mit irgendeiner himmlischen Person vorstellbar ist. Um sich das vorzustellen, denken wir an eine Person im Himmel, die sich erstens an meine Gedanken und Handlungen zu erinnern scheint und zweitens Ich ist.

Also wirklich: Man wird schwerlich eine Argumentation finden können, die sich mehr im Kreise dreht. Sollte ich im Zweifel darüber sein, ob die himmlische Person Ich ist, so habe ich auch Zweifel, ob sie sich tatsächlich erinnert oder ob es nur so zu sein scheint. Niemand könnte die Möglichkeit der Existenz einer zukünftigen Person bezweifeln, die sich nach dem Tode an die Dinge, die sie gedacht und getan hat, zu erinnern scheint. Aber diese Möglichkeit löst nicht das Problem der Möglichkeit des Weiterlebens nach dem Tode. Ausschließlich die Möglichkeit, dass jemand sich *tatsächlich* erinnert, könnte dies Problem lösen; denn nur das wäre, und darin stimmen wir überein, für die Identität hinreichend. Zweifel an einem Weiterleben nach dem Tode und an Identität gehen aber restlos in Zweifel daran über, ob die Erinnerungen nun echt oder nur scheinbar sind. Du garantierst mir nicht mehr als die Möglichkeit einer irregeleiteten himmlischen Schwindlerin.

COHEN: Nun warte mal, Gretchen. Ich glaube, Sam war gerade eben seinen eigenen Auffassungen gegenüber alles andere als fair.

WEIROB: Du glaubst, du könntest aus diesem Zirkel herauskommen, der darin besteht, dass du tatsächliche Erinnerung verwendest, um Identität zu erklären, und Identität, um den Unterschied zwischen tatsächlichem und scheinbarem Sich-Erinnern zu erklären? Ja, versuch es doch einfach einmal.

COHEN: Kehren wir doch zu deinem Beispiel mit dem Hypnotiseur zurück. Du hast herausgearbeitet, dass wir zwei mutmaßliche Erinnerungsträger haben. Und dann fragst du, wo der Unterschied zwischen ihnen besteht, und behauptest, dass die Antwort eine zirkuläre sein muss – nämlich die, dass der wirkliche Erinnerungsträger der ist, der die Sinneserfahrungen, an die beide sich zu erinnern scheinen, tatsächlich hatte.

Aber das ist nicht die einzige mögliche Antwort. Die Sinneserfahrungen selbst bewirken die späteren anscheinenden Erinnerungen in dem einen Fall, während sie in dem anderen Fall der Hypnotiseur bewirkt. Man kann also sagen, dass der echte Erinnerungsträger derjenige von beiden ist, dessen Erinnerungen durch die vorausliegenden Sinneserfahrungen in der *richtigen Art und Weise* bewirkt werden. Demnach lässt sich zwischen dem echten Erinnerungsträger und der Person unter Hypnose unterscheiden, ohne dass wir auf Identität Bezug nehmen müssten.

Der Gedanke, dass die echte Erinnerung aus scheinbarer Erinnerung plus Identität besteht, ist ohnehin irreführend. Ich scheine mich daran zu erinnern, wie ich als kleines Kind einmal die Menora* umgestoßen habe, sodass die Kerzen in eine Suppenterrine fielen und die Suppe verdarben. Und dies habe ich tatsächlich ge-

* Den siebenarmigen Leuchter.

macht. Somit haben wir scheinbare Erinnerung zusammen mit Identität. Aber ich erinnere mich nicht tatsächlich daran. Ich war viel zu klein, als das geschah, um mich jetzt daran zu erinnern. Die Geschichte ist mir einfach so oft erzählt worden, dass ich meine, mich an sie zu erinnern.

In diesem Zusammenhang ist der Gedanke, dass echte Erinnerung anscheinende Erinnerung ist, die durch die vergangenen Vorgänge in der richtigen Art und Weise bewirkt wurden, viel einleuchtender. Meine erinnerungsähnlichen Eindrücke wurden nicht durch meine Erfahrung des Umstoßens der Menora hervorgerufen, sondern durch die Tatsache, dass meine Eltern später immer wieder von diesem gesprochen haben.

WEIROB: Du analysierst personale Identität im Hinblick auf Erinnerung und Erinnerung im Hinblick auf scheinbare Erinnerung, die in der richtigen Art und Weise verursacht wird. Eine Person ist demnach eine Art Kausalprozess.

COHEN: Richtig.

WEIROB: Nehmen wir mal um des Arguments willen an, dass ich das akzeptiere. Wie hilft das aber Sam in seiner Verteidigung der Möglichkeit eines Weiterlebens nach dem Tode? Was normale Erinnerung angeht, führt uns die Kausalkette von dem Ereignis, an das man sich erinnert, zur Erinnerung selbst, niemals in Bereiche außerhalb der Grenzen eines individuellen Körpers. Der normale Prozess, von dem du sprichst, beinhaltet ja sicher irgendwie die Speicherung von Informationen im Gehirn. Wie können die Zustände meines Gehirns bei meinem Tod in der richtigen Art und Weise die scheinbaren

Erinnerungen der himmlischen Person, die nach Sams Auffassung Ich ist, beeinflussen?

COHEN: Nun, ich hatte nicht die Absicht, die Möglichkeit eines Weiterlebens nach dem Tode zu verteidigen. Das ist Sams Problem. Mir sagt einfach der Gedanke zu, dass personale Identität unter Bezugnahme auf Erinnerung erklärt werden kann und nicht einfach nur in Bezug auf körperliche Identität.

MILLER: Das versorgt mich dann aber doch mit der Grundlage für eine weitergehende Verteidigung. Gretchen, du stelltest eine Erklärungsmöglichkeit für den Unterschied zwischen zwei himmlischen Personen zur Diskussion. Die eine erinnert sich tatsächlich an deine Sinneserfahrungen – und ist demnach Du –, während die andere sich nur zu erinnern scheint. Aber könnte man nicht einfach sagen, dass die Person, die mit dir identisch ist, diejenige ist, deren Erinnerungsinhalte auf die richtige Art und Weise bewirkt wurden? Damit meine ich nicht die Art und Weise, wie das im Normalfall der irdischen Erinnerung geschieht. Aber im Fall des himmlischen Wesens, das mit dir identisch ist, hätte Gott ja dieses Wesen geschaffen, und zwar mit den Zuständen des Gehirns (oder womit auch immer), die diese Person hat, weil du sie bei deinem Tod hattest. Mit Sicherheit macht die genaue Form der Abhängigkeit meiner späteren Erinnerungen von meinen früheren Wahrnehmungen diese nicht zu Erinnerungen, sondern die Tatsache, dass der dabei beteiligte Prozess Informationen bewahrt hat.

WEIROB: Falls Gott demnach eine himmlische Person erschafft und dabei ihr Gehirn so anlegt, dass es eine Kopie des Gehirns ist, das ich beim Tod habe, ist diese Person Ich. Falls andererseits ein himmlisches Wesen dieselben erinnerungsähnlichen Zustände zufällig bekommen sollte (sollte es im Himmel überhaupt Zufälle geben), dann wäre sie nicht Ich.

MILLER: Genau. Bist du jetzt davon überzeugt, dass ein Weiterleben nach dem Tode vollkommen sinnvoll ist?

WEIROB: Nein, ich bin keineswegs davon überzeugt.

Das Problem, das ich habe, ist Folgendes: Nehmen wir an, dass Gott eine himmlische Person erschaffen und diese Person dabei nach meinem personalen Muster gestalten kann: Warum könnte er nicht zwei solche Körper erschaffen und diese Informationen auf beide übertragen? Wären dann die beiden himmlischen Personen Ich? In der Philosophie ist es unstrittig, dass man von »A ist B« und »C ist B« die Aussage »A ist C« ableiten kann, wobei »ist« Identität bedeutet. Wenn also jede der beiden himmlischen Personen Ich ist, dann müssen sie auch jeweils die andere sein. Dann sind sie aber nicht zwei Personen, sondern nur eine Person. Meine Annahme besagte jedoch, dass Gott zwei und nicht nur eine Person erschafft. Er könnte sie physisch gesehen unterschiedlich erschaffen, wobei jede von ihnen sich unabhängig voneinander bewegen könnte, vielleicht an weit auseinanderliegenden himmlischen Orten, und jede ihre eigenen Aufgaben und ihren eigenen himmlischen Freundeskreis und dergleichen haben würde.

Also: Dadurch, dass Gott eine himmlische Person mit einem Gehirn nach dem Muster meines Gehirns entstehen lässt, erschafft er entweder jemanden, der mir nur gleich, aber nicht mit mir identisch ist. Oder Gott ist in gewisser Weise darauf beschränkt, nur ein einziges solches Wesen zu erschaffen. Unter der Annahme, dass es einen Gott gibt, würde ich keinen Grund dafür sehen, dass er solchen Beschränkungen unterworfen sein sollte. Daher wähle ich die erste Option: Er könnte jemanden erschaffen, der mir zwar gleich ist, nicht aber jemanden, der Ich *ist*. Entweder ist deine Analyse dessen, was Erinnerung ist, falsch, und ein solches Wesen erinnert sich schließlich eben nicht an das, was ich tue oder sage. Oder Erinnerung ist für personale Identität nicht ausreichend. An irgendeiner Stelle ist deine Theorie falsch gelaufen, denn sie führt zu einem absurden Ergebnis.

COHEN: Warte mal! Warum kann Sam nicht einfach behaupten, dass dann, wenn Gott ein solches Wesen erschafft, diese Person mit dir identisch ist, während dann, wenn er mehr als eine Person erschafft, keine der Personen mit dir identisch ist? Es ist durchaus möglich, dass er nur eine erschafft. Es ist daher möglich, dass du nach dem Tode weiterlebst. Sam hat ja durchaus auch immer die *Möglichkeit* offengelassen, dass du nach dem Tode nicht weiterlebst. Dabei hatte er die Annahme im Sinn, dass kein Gott existiert, der die entsprechenden himmlischen Personen erschaffen könnte, oder eben den Fall, dass Gott doch existiert, aber nicht einmal eine solche Person erschafft. Du hast nur gezeigt, dass es eine andere Möglichkeit für ein Nicht-Weiterleben nach dem Tode gibt: Statt zu wenige himmlische Erinnerungsträger zu erschaffen, erschafft er zu viele. Na und? Er könnte doch die passende Anzahl erschaffen, und dann würdest du nach dem Tode weiterleben.

WEIROB: Deine Ausführungen zeigen jetzt aber eine deutliche Änderung der Position. Du bist nun nicht mehr der

Auffassung, dass Erinnerung allein für personale Identität ausreichend ist. Jetzt ist es Erinnerung *plus* fehlende Konkurrenz, also Abwesenheit anderer Erinnerungsträger, die für personale Identität erforderlich ist.

COHEN: Ja, das ist wirklich eine Änderung der Position. Na und? Ist eine geänderte Position weniger vertretbar?

WEIROB: Betrachten wir die Sache doch mal aus der Sicht der himmlischen Person. Sie sagt zu sich: »Oh, ich muss Gretchen Weirob sein, denn ich kann mich an das erinnern, was sie tat und sagte.« Das ist nun aber wirklich eine ziemlich schwache Schlussfolgerung – oder? Sie ist in Wirklichkeit nur fähig zu sagen: »Oh, entweder bin ich Gretchen Weirob, oder Gott hat mehr als ein Wesen, das mir gleicht, geschaffen, und keine von uns ist Gretchen.« Identität ist für sie zu etwas geworden, das von Dingen abhängt, die völlig außerhalb ihrer Person liegen. Das, was sie ist, hängt jetzt nicht einfach von ihren gedanklichen Zuständen und deren Beziehung zu meinen ab, sondern von der Existenz oder Nicht-Existenz anderer Menschen. Willst du das wirklich behaupten?

Oder betrachte es mal aus meinem Blickwinkel. Gott erschafft im Himmel eine, die Ich ist. Natürlich wäre ich glücklich, wenn ich überzeugt sein könnte, dass das wirklich geschehen könnte. Nun erschafft er noch eine solche Person, und ich würde wieder verzweifeln; denn das würde bedeuten, dass ich schließlich doch nicht nach dem Tode weiterleben würde. Wie kann die Verdoppelung einer guten Tat sie wertlos machen?

COHEN: Willst du damit sagen, dass es einen Widerspruch in meiner Argumentation gibt, entsprechend dem nur die Erschaffung eines einzigen himmlischen Gretchens als ein Akt zählt, aufgrund dessen du nach dem Tode weiterlebst?

WEIROB: Nein, soweit ich sehe, liegt da kein Widerspruch vor. Aber es erscheint irgendwie seltsam, weil dein Argument erkennen lässt, dass irgendwo etwas an deiner Theorie falsch ist. Da ist also eine gewisse Beziehung, die ich mit einer himmlischen Person habe. Die Tatsache, dass eine solche Person existiert, mit der ich in dieser Art und Weise in Beziehung stehe, ist für mich von großer Bedeutung und eine Quelle des Trostes. Dieser Umstand bringt mich in geeigneter Weise dazu, mich auf die Erfahrungen, die sie hat, zu freuen, da sie ja schlicht Ich ist. Warum sollte der Umstand, dass ich diese Beziehung zu einem anderen Wesen habe, meine Beziehung zu dieser Person zerstören? Du behauptest, weil ich dann mit keiner der beiden Personen identisch bin. Da du nun aber eine Theorie darüber vorgetragen hast, worin diese Identität besteht, können wir prüfen, was es jeweils für mich bedeutet, identisch oder nicht identisch zu sein. Falls sie sich an meine Erlebnisinhalte erinnern soll, kann ich ihre mit Recht vorausahnen. Dann aber scheint die Verdoppelung keinen Unterschied zu machen. Und doch muss ein Unterschied bestehen, denn man kann nicht mit zweien identisch sein. Und so fügst du nun rein *ad hoc** hinzu, dass ihre Erinnerung an mich nicht ausreicht, um meine Erwartungen ihrer Sinneserfahrungen adäquat zu machen, wenn eine Verbindung zu zwei Personen statt zu einer besteht. Ist es nicht vernünftiger, folgenden

* Aus dem Moment heraus, unvermittelt: Ad-hoc-Hypothesen haben einen schlechten Ruf.

Schluss zu ziehen: Unter der Annahme, dass die Erinnerung nicht die Identität sicherstellt, falls es zwei himmlische Gretchens gibt, ist das auch nicht der Fall, wenn es nur ein Gretchen gibt.

COHEN: Ich gebe zu, dass mein Einwand ein wenig *ad hoc* kam. Aber vielleicht ist das die Art, wie unsere gedanklichen Konzepte gebildet werden. Du hast aber keinen Widerspruch aufdecken können.

WEIROB: Ein unendlicher Stapel von Absurditäten hat dasselbe Gewicht wie ein Widerspruch. Und aus deiner Darstellung lassen sich Absurditäten ohne Ende bilden. Nimm mal an, Gott erschafft diese himmlische Person, ehe ich sterbe. Das läuft dann darauf hinaus, dass er mich tötet. Falls er dieses Wesen bereits geschaffen hat, so würdest du nicht mit der Person sprechen, mit der du zu sprechen annimmst, sondern mit einer neuen Person, die durch Gretchen Weirobs merkwürdigen Tod einige Augenblicke zuvor geschaffen wurde. Oder nimm einmal an, dass er zuerst ein himmlisches Wesen erschafft, das mit mir identisch ist. Danach erschafft er ein zweites. Hört dann das erste Wesen auf, mit mir identisch zu sein? Falls Gott solche Wesen im Himmel erschaffen kann, kann er das auch in Albuquerque. Und es gibt
…hts in deiner Theorie, das dich dazu bringen könnte,
… Körper hier als zu Gretchen Weirob gehörig den
…dem in Albuquerque zu geben. Also muss ich
…s ich, sollte Gott dies tun, plötzlich zu
… würde. Ich bin versucht zu sagen,
… würde, Gretchen Weirob zu sein.
… auszudrücken wäre aber etwas
…elmehr hier an meiner Stelle eine

neue Person mit falschen Erinnerungen daran existieren, Gretchen Weirob gewesen zu sein, die gerade in einer Konkurrenzsituation gestorben ist – das beste Beispiel für einen wirklich seltsamen Tod. Sie hätte kein Recht auf meinen Namen, mein Bankkonto oder auf die Dienstleistungen meines Arztes, der sein Honorar aus den Versicherungsprämien zieht, die aus den Abzügen von Gretchen Weirobs früherem Gehalt bezahlt werden. Das ist natürlich Unsinn. Wie umsichtig auch immer Gott mich nach seinem Gutdünken entweder im Himmel oder in Albuquerque verdoppeln würde, so würde ich doch nicht zu sein aufhören oder aufhören, die zu sein, die ich bin. Du könntest darauf antworten, dass Gott, da er ja gütig ist, niemals ein zusätzliches Gretchen Weirob erschaffen würde. Ich behaupte auch gar nicht, dass er das überhaupt tun würde. Falls er das aber tun würde, so würde das nicht bedeuten, dass ich, wie deine Theorie das impliziert, zu existieren aufhören würde. Deine Theorie liefert bei diesem denkbaren Sachverhalt die falsche Antwort, folglich muss die Theorie selbst falsch sein. Ich glaube, ich habe keine Motivation dafür gefunden, die offensichtliche und ganz einfache Auffassung in Bezug auf diese Angelegenheit aufzugeben: Ich bin ein lebender Körper, und in dem Moment, wenn dieser Körper stirbt, ist meine Existenz beendet.

Der dritte Abend

WEIROB: Nun, Sam, machst du jetzt einen dritten Versuch, mich von der Möglichkeit eines Weiterlebens nach dem Tode zu überzeugen?

MILLER: Nein, ich habe es aufgegeben. Ich schlage vor, dass wir lieber über das Angeln oder über Fußball oder über irgendetwas anderes reden, das mit deinem bevorstehenden Hingang nichts zu tun hat. Du wirst bestimmt alle direkten Versuche, dich zu trösten, austricksen, aber vielleicht kann ich dich wenigstens auf etwas andere Gedanken bringen.

COHEN: Aber ehe wir anfangen, über das Angeln zu reden – obwohl ich keine besondere Liste mit Argumenten für ein Weiterleben nach dem Tode habe –, gibt es doch einen Punkt in unseren Diskussionen während des ersten und zweiten Abends, der mich immer noch beunruhigt. Würde es euch etwas ausmachen, den Gedanken der personalen Identität etwas eingehender zu diskutieren, ohne sich nun um die schwierigere Frage eines Weiterlebens nach dem Tode zu sorgen?

WEIROB: Es wäre mir ein Vergnügen. Welcher Punkt beunruhigt dich?

COHEN: Du scheinst der Auffassung zu sein, dass die Identität des menschlichen Körpers personale Identität ausmacht, nicht mehr und nicht weniger. Eine Person ist demnach einfach ein lebendiger menschlicher Körper oder genauer, denke ich: ein menschlicher Körper, der lebt und gewisse Fähigkeiten hat – Bewusstsein und vielleicht rationales Denken. Ist das richtig?

WEIROB: Ja, so einfach scheint mir das tatsächlich zu sein.

COHEN: Ich glaube aber, dass es tatsächlich eine Episode gegeben hat, die diese Auffassung widerlegt. Ich denke an den seltsamen Fall Julia North, der sich vor einigen Monaten in Kalifornien zutrug. Du erinnerst dich bestimmt daran.

WEIROB: Ja, nur zu gut. Aber besser erklärst du es Sam, denn ich wette, dass er nichts darüber gehört hat.

COHEN: Nichts über Julia North gehört? Der Fall war doch überall in den Schlagzeilen!

MILLER: Nun, Gretchen hat recht. Ich weiß nichts darüber. Sie weiß, dass ich nur den Sportteil lese.

COHEN: Du und den Sportteil lesen!?

WEIROB: Das ist ein Ausdruck seines Desinteresses an irdischen Angelegenheiten.

MILLER: Das ist nicht ganz fair, Gretchen. Es ist eine Angelegenheit der Präferenz. Die Zeit, die ich für das Lesen habe, verbringe ich lieber mit Lektüre über das 18. Jahrhundert als mit solcher über das eintönige und armselige Jahrhundert, in das ich unglücklicherweise hineingeboren wurde. Das 18. Jahrhundert war in der Tat ein zivilisierteres Jahrhundert. Aber halten wir uns nicht mit meinen merkwürdigen Gewohnheiten auf. Erzählt mir lieber etwas über Julia North.

COHEN: Nun gut. Julia North war eine junge Frau, die von einer Straßenbahn überrollt wurde, als sie einem kleinen Kind das Leben rettete, das auf die Gleise gelaufen war. Die Mutter des Kindes, Mary Frances Beaudine, erlitt einen Schlaganfall, als sie die schreckliche Szene mitansehen musste. Julias gesundes Gehirn und ihr zerstörter Körper sowie Mary Frances' gesunder Körper und ihr zerstörtes Gehirn wurden ins Krankenhaus gebracht.

Dort praktizierte Dr. Matthews, ein genialer Neurochirurg. Er hatte ein Verfahren entwickelt, das er »Körper-Transplantation« nannte. Dr. Matthews entfernte das Gehirn aus Julias Kopf und setzte es in den Kopf von Mary Frances ein. Dabei fügte er mit Techniken, die erst vor kurzem entwickelt worden waren, die Nerven und alles andere zusammen. Die überlebende Person war offensichtlich Julia. Darüber waren sich alle einig – außer, unglücklicherweise, der Mann von Mary Frances. Seine Kurzsichtigkeit und Phantasielosigkeit führte zu dramatischen Komplikationen. Aus diesem Grunde erlangte der Fall eher in der Kriminalgeschichte Berühmtheit als in der Geschichte der Medizin. Ich gehe nicht auf die traurigen Einzelaspekte des Falles ein; denn diese werden, wenn ihr interessiert seid, in dem Buch *Wer ist Julia?* von Barbara Harris* geschildert.

MILLER: Faszinierend!

COHEN: Nun, die Bedeutung dieses Falles ist offensichtlich. Julia North hatte bis zu dem Unfall einen Körper und nach der Operation einen anderen. Eine Person hatte also zwei Körper. Daher kann eine Person nicht einfach mit einem menschlichen Körper *identifiziert* werden. Somit muss an deiner Ansicht etwas falsch sein, Gretchen. Was sagst du dazu?

WEIROB: Ich gebe dir die Antwort, die ich auch Dr. Matthews gegeben habe –

COHEN: Du hast mit Dr. Matthews gesprochen?

WEIROB: Ja. Er hatte sich kurz nach meinem Unfall mit mir in Verbindung gesetzt. Mein Arzt hatte ihn telefonisch

* Erstmals 1982 erschienen.

über meinen Fall informiert. Dabei sagte Matthews, dass er an mir die gleiche Operation wie bei Julia North durchführen könnte. Ich habe abgelehnt.

COHEN: Du hast abgelehnt! Aber Gretchen, warum – ?

MILLER: Gretchen, jetzt bin ich aber wirklich schockiert. Deine Entscheidung kommt praktisch einem Selbstmord gleich! Du hast eine Gelegenheit weiterzuleben ausgeschlagen? Warum, um alles in der Welt – ?

WEIROB: Nun mal langsam! Ihr geht beide von einer Annahme aus, die ich ablehne. Sollte der Fall »Julia North« meine Auffassung, dass eine Person eben nur aus einem lebenden menschlichen Körper besteht, entkräften, und soll meine Weigerung, mich einer solchen Prozedur zu unterwerfen, einem Selbstmord gleichkommen, dann muss derjenige, der eine solche Operation überlebt, als *die* Person aufgefasst werden, die das Gehirn gespendet hat. Das heißt, die Person, die Julia Norths Operation überlebt hat, muss Julia gewesen sein. Und die Person, die meine Operation überleben würde, müsste demnach *ich* sein. Das ist die Annahme, von der ihr beide in eurer Kritik mir gegenüber ausgeht. Diese Annahme aber lehne ich ab. Ich glaube, dass Jack Beaudine recht hatte. Die Person, die die Operation, bei der es um Julia Norths Gehirn ging, überlebte, war Mary Frances Beaudine, und die Person, die die Operation mit meinem Gehirn überlebt hätte, wäre nicht *ich* gewesen.

MILLER: Gretchen, wie, um alles in der Welt, kannst du das sagen? Willst du denn deine Auffassung jetzt nicht aufgeben, entsprechend der personale Identität nur körperliche Identität sein soll, da doch das Gegenbeispiel so klar ist? Ich glaube wirklich, dass du ganz einfach eine irrationale Bindung an die Materialmasse hast, die deinen Körper bildet.

COHEN: Ja, Gretchen, ich stimme Sam zu. Dein Verhalten ist wirklich grotesk! Die Person, die Julia Norths Operation überlebte, hatte keine Ahnung von Mary Frances Beaudine. Sie erinnerte sich nur daran, dass sie Julia war –

WEIROB: Sie *schien* diese Erinnerung nur zu haben. Habt ihr denn so schnell die Bedeutung dieser Unterscheidung vergessen? Meiner Auffassung nach wirkte sich die Operation so aus, dass Mary Frances Beaudine mit einer Täuschung überlebte, da sie glaubte, jemand anders zu sein.

COHEN: Aber wie du weißt, wurde dieser Fall vor Gericht verhandelt. Er ging sogar vor den Obersten Gerichtshof. Dort wurde entschieden, dass es Julia war, die überlebte.

WEIROB: Dieses Argument ist deiner unwürdig, Dave. Ist denn der Oberste Gerichtshof unfehlbar?

COHEN: Nein, ist er nicht. Ich glaube aber nicht, dass dieser Punkt so dumm ist. Sieh es einmal so, Gretchen. Dies ist ein Fall, in dem zwei Kriterien, die wir zur Bildung von Urteilen über Identität verwenden, miteinander in Konflikt geraten. Gewöhnlich erwarten wir, dass personale Identität sowohl körperliche Identität als auch mentale Kontinuität einschließt. Unter der Voraussetzung, dass wir denselben Körper haben, erwarten wir, dass auch die Überzeugungen, die Gedächtnisinhalte, die Charakterzüge und anderes in hohem Maße so bleiben, wie sie sind. In diesem Beispiel aber fallen diese beiden Kriterien nicht wie sonst zusammen. Wählen wir das *eine* Kriterium aus, so behaupten wir damit, dass die überlebende Person Mary Frances Beaudine ist und dass sie drastische psychologische Veränderungen mitgemacht hat. Wählen wir das andere aus, so behaupten wir, dass Julia mit einem neuen Körper überlebt hat. Wir müssen also wählen, welches Kriterium das wichtigere ist. Es geht um die Entscheidung bzw. die Wahl, wie wir uns sprachlich äußern, wie wir den Begriff »dieselbe Person« auf eine neue Situation ausdehnen. Die überwältigende Mehrheit der Leute war in dem Fall der Auffassung, dass die überlebende Person Julia ist. Das heißt, dass die Gesellschaft eben die eine Alternative lieber als die andere wählte. Der Hinweis auf den Obersten Gerichtshof ist durchaus *nicht* ohne Bedeutung. Eine seiner Aufgaben besteht darin zu entscheiden, wie alte Begrifflichkeiten auf neue Umstände angewandt werden sollen. Beispiel: Wie ist »Pressefreiheit« zu verstehen, wenn der Begriff auf Film und Fernsehen angewendet wird? Denn deren Existenz konnte man nicht vorausahnen, als der Begriff geprägt wurde. Oder: Schließt der Begriff »Mord« die Abtreibung eines Fötus ein? Der Gerichtshof kann im Hinblick auf Tatsachen durchaus fehlbar sein, aber in Bezug auf die Entwicklung bestimmter wichtiger Begriffe, die juristisch verwendet werden, ist er die letzte Autorität. Der Begriff der »Person« ist solch ein Begriff.

WEIROB: Du glaubst also, dass es eine Sache der Konvention war, *wer* der Überlebende war, und dass das Ganze von der sprachlichen Äußerung abhängt, die wir wählen?

COHEN: Ja.

WEIROB: Ich kann an einem Beispiel aufzeigen, wie absurd das alles ist.

Nehmen wir einmal an, ich würde der Operation zustimmen. Ich liege im Bett, erwarte die Kontinuität meiner Existenz und sehe den Gefühlen und Gedanken, die ich nach der Operation beim Aufwachen haben werde, gespannt entgegen. Dr. Matthews kommt herein und rät mir, einige Aspirin-Tabletten zu nehmen, damit ich beim Aufwachen keine Kopfschmerzen habe. Ich wende ein, dass Aspirin meinem Magen zusetzt. Daraufhin fragt er mich, ob ich lieber morgen schreckliche Kopfschmerzen haben will als jetzt leichte Magenschmerzen. Dann bin ich doch einverstanden, weil es vernünftig wäre, sie jetzt zu nehmen.

Nehmen wir weiterhin an, dass ihr in dem Augenblick mit einer schlechten Nachricht hereinkommt. Der Oberste Gerichtshof hat seine Meinung geändert! Daher wird die überlebende Person nicht *ich* sein. Und ich sage nun: »Oh, dann nehme ich das Aspirin nicht, denn ich bin es ja nicht, die Kopfschmerzen bekommen wird, sondern jemand anders. Warum sollte ich Magenschmerzen, so leicht sie auch sein mögen, für das Wohlbefinden von jemand anderem aushalten? Schließlich spende ich der anderen Person ja schon mein Gehirn.«

Nun, das ist offensichtlich absurd. Sollte ich überhaupt damit recht haben, die Empfindungen und Gedanken gespannt zu erwarten, die die überlebende Person am nächsten Tag haben soll, hätte die Entscheidung von neun alten Männern tausend Meilen oder so entfernt von mir nicht zum Ergebnis, dass ich mich geirrt hätte. Und sollte ich mich doch in meiner Erwartungshaltung geirrt haben, so könnte deren Entscheidung das auch nicht ändern. Wie kann denn die Richtigkeit meiner Erwartung zu überleben, eine Angelegenheit des Gebrauchs unserer Worte sein? Sollte es sich aber nicht um eine derartige Angelegenheit handeln, dann ist das bei meiner Identität nicht anders. Meine Identität mit der überlebenden Person, mein Überleben, ist eine Angelegenheit der Tatsachen, nicht aber der Konvention.

COHEN: Dein Beispiel hat viel für sich. Ich gebe zu, dass ich verdattert bin. Auf der einen Seite sehe ich nicht, wie die Angelegenheit anders sein kann, als ich sie beschrieben habe. Unter der Voraussetzung, dass wir all die Tatsachen kennen: Was kann dann noch zu entscheiden übrigbleiben als die Art, wie wir sie beschreiben, wie wir unsere Sprache verwenden? Und doch sehe ich ein, dass die Annahme absurd erscheint, die Entscheidung über die Berechtigung oder Nicht-Berechtigung einer Erwartung zukünftiger Erfahrungen sei eine Angelegenheit der Konvention.

MILLER: Nun, ich glaube, die Angelegenheit mit der Konvention war sowieso nicht sonderlich plausibel. Aber ich würde dich, Gretchen, gern zu der Hauptfrage zurückbringen. Tatsache oder Konvention, die Frage bleibt. Warum willst du nicht zugeben, dass die Person, die die Operation überlebt, *du* sein würde?

WEIROB: Nun, sage *du* es *mir*, warum du denkst, dass sie *ich* sein würde.

MILLER: Ich kann mich dabei auf die Theorie beziehen, die ich gestern Abend entwickelt habe. Du hast dahingehend argumentiert, dass der Gedanke, personale Identität bestehe in Gedächtnisinhalten, nicht die Möglichkeit eines Lebens nach dem Tode garantieren würde. Du hast aber nichts behauptet, was die Plausibilität der Gedächtnisinhalte als Repräsentation der personalen Identität erschüttern würde. Vergiss nicht, dass diese Theorie den außerordentlichen Vorzug hat, unsere Fähigkeit, ohne Überprüfung unseres Körpers ein Urteil über unsere eigene Identität abzugeben, sinnvoll erscheinen zu lassen. Ich würde dahingehend argumentieren, dass es gerade die Tragfähigkeit dieser Theorie ist, die die *fast* allgemeine Bereitschaft erklärt, die Person, die Julias Operation überlebte, als Julia anzusehen. Wir brauchen nicht darüber nachzudenken, wie wir unsere Begrifflichkeit ausdehnen könnten, sondern wir brauchen nur die Begrifflichkeit, die wir haben, anzuwenden. Die Gedächtnisinhalte sind für die Identität hinreichend, wohingegen körperliche Identität dafür *nicht* notwendig ist. Die überlebende Person erinnerte sich an Julias Gedanken und Handlungen und war deshalb Julia. Solltest du dich doch nur der Operation unterziehen wollen, dann würde die überlebende Person sich an deine Gedanken und Handlungen erinnern; ja, sie würde sich an das Gespräch, das wir jetzt gerade führen, erinnern und würde *du* sein.

COHEN: Ja, jetzt stimme ich Sam völlig zu. Die Theorie, entsprechend der personale Identität unter Bezugnahme auf Gedächtnisinhalte zu analysieren ist, trifft zu; und geht man nach dieser Theorie, wirst du überleben, solltest du dich der Operation unterziehen.

Ich möchte noch ein weiteres Argument gegen deine Auffassung und zugunsten der Gedächtnistheorie nennen. Du hast betont, dass Identität die Voraussetzung der *Erwartungshaltung* ist. Das bedeutet unter anderem, dass du ein besonderes Interesse für die auch in der Zukunft lebende Person hast, die du mit dir selbst identifizierst. Würde man mir sagen, dass einer von uns dreien morgen Schmerzen erleiden würde, so wäre ich traurig. Sollte der Verletzte aber du oder Sam sein, dann wäre mein besorgtes Interesse selbstlos, und zwar deshalb, weil ich die Schmerzerfahrung nicht für mich selbst erwarte. Mit diesen Ausführungen wiederhole ich eigentlich nur die Punkte, die du in unseren Gesprächen schon vorgebracht hast.

Was lässt aber nun bei der bloßen Identität des Körpers diese Asymmetrie zwischen der Art, wie wir auf unsere eigene Zukunft blicken, und der Art, wie wir auf die Zukunft anderer blicken, sinnvoll erscheinen? Mit anderen Worten: Warum ist die Identität deines Körpers – die bloße Materialmasse, wie Sam sich ausdrückte – von so großer Bedeutung? Warum sollte man sich über diese solche Gedanken machen?

WEIROB: Du behauptest, und ich bin mit dir darin völlig einer Meinung, dass personale Identität eine ganz spezielle Beziehung ist – so speziell, dass der Ausdruck »Beziehung« vielleicht gar nicht so glücklich ist. Und du behauptest, dass ich die Bedeutung der einen Identität im Rahmen der Bedeutung der anderen erklären können müsste, da meine Theorie die Identität der Person mit der Identität des Körpers gleichsetzt.

Ich bin nicht sicher, ob ich das kann. Aber schneidet denn die Theorie, entsprechend der personale Identität in den Gedächtnisinhalten besteht, dabei besser ab?

COHEN: Nun, ich glaube, dass sie das tut. Die Eigenschaften einer Person, die sie so wertvoll machen, ihre Individualität unterstreichen und die Person für ihre Angehörigen und Freunde so unverwechselbar machen, sind letzten

Endes mentaler oder geistiger Art. Der Charakter, die Persönlichkeit, die Vorstellungen, die Verhaltensweisen, die Überzeugungen – diese machen jede einzelne Person so einzigartig und besonders. Ein mageres Gretchen wäre zwar für uns alle ein Schock, aber doch kein Gretchen, dem es an wichtigen Eigenschaften mangeln würde. Ein Gretchen jedoch, das nicht geistreich wäre oder nicht auch mal barsch oder nicht so ehrlich in ihrer Argumentation, wie es nur irgend menschenmöglich ist – ein solches Gretchen wäre grundlegend verändert. Ist es denn dann verwunderlich, dass die Person, die das kalifornische Fiasko überlebt hat, als Julia North angesehen wurde? Wäre es in irgendeiner Weise sinnvoll, sie für Mary Jane Beaudine zu halten, da sie doch keine ihrer Überzeugungen, Verhaltensweisen oder Erinnerungsinhalte hat?

Wenn man also davon ausgeht, dass solche Eigenschaften einer Person die Bedeutung verleihen, die diese Person für andere hat, ist es dann nicht vernünftig anzunehmen, dass diese Eigenschaften die Grundlage für die Bedeutung sind, die man sich selbst zuspricht? Und genau das sind die Eigenschaften, die die personale Identität bewahrt, und zwar unter der Voraussetzung, dass sie in Gedächtnisinhalten besteht. Haben wir mit dieser Auffassung nicht zumindest den Anfang einer Erklärung für die Bedeutung von Identität?

WEIROB: Ihr bevorzugt also beide aufgrund von zwei Kriterien die Gedächtnistheorie. Erstens behauptet ihr, sie erkläre, wie es möglich ist, ohne Überprüfung des eigenen Körpers ein Urteil über die eigene Identität abzugeben. Zweitens behauptet ihr, sie erkläre die Bedeutung der personalen Identität.

COHEN: Nun musst du aber doch wirklich zustimmen, dass die Gedächtnistheorie richtig ist. Also, stimmst du zu? Es ist vielleicht immer noch Zeit, mit Dr. Matthews Verbindung aufzunehmen –

WEIROB: Jetzt mal langsam! Entspannt euch und freut euch über unsere Diskussion. Ich tue das doch auch. Hört auf damit, mir das Leben retten zu wollen und euch Gedanken darüber zu machen, wie ihr eure Theorie retten könnt – denn ich bin immer noch nicht überzeugt. Ich gebe zu, dass die überlebende Person *denkt*, dass sie *ich* ist, und sich an meine Gedanken zu erinnern *scheint*. Vergesst aber nicht den bedeutenden Unterschied zwischen tatsächlicher und nur anscheinender Erinnerung –

COHEN: Und vergiss *du* nicht, dass diese Unterscheidung auf der Grundlage der Frage vorgenommen werden muss, ob die anscheinenden Erinnerungsinhalte durch die vorhergehenden Erfahrungen in der angemessenen Weise verursacht wurden oder nicht. Die überlebende Person erinnert sich an deine Gedanken nicht aufgrund von Hypnose oder Zufall oder übermächtiger Phantasie. Die Person wird sich an diese zu erinnern scheinen, weil die Spuren, die diese Erfahrungen in deinem Gehirn hinterlassen haben, jetzt ihr Bewusstsein auf die übliche Art und Weise aktivieren. Sie wird sich an diese zu erinnern scheinen, weil sie sich tatsächlich an sie erinnert und weil sie mit dir identisch ist.

WEIROB: Du hast sehr nachdrücklich argumentiert, und ich fühle mich demgegenüber ziemlich schwach. Ich weiß nicht, ob ich noch die Zeit habe, dies alles zu entwirren. Betreibt man aber Philosophie, so ist Eile nie von Vorteil. Also gehen wir alles langsam nochmal durch.

Wir stimmen alle darin überein, dass die Person, die die von Dr. Matthews vorgeschlagene außergewöhnliche Operation überlebt, sich an das, was ich gemacht habe, zu erinnern *scheinen* würde. Nehmen wir sogar einmal an, sie würde annehmen, sie sei *ich*, würde behaupten, Gretchen Weirob zu sein – und keine Ahnung davon zu haben, wer sie sonst sein könnte. (Wir nehmen hierbei an, dass sie sich von mir in einem Punkt unterscheidet – nämlich in ihrer Theorie der personalen Identität; dies allein aber ist kein Hinweis darauf, dass sie nicht *ich* ist, denn ich könnte ja bis dahin meine Meinung ändern.) Wir alle stimmen zunächst darin überein, dass dies allein sie nicht *ich* sein lässt. Denn all das könnte auch auf jemanden zutreffen, der einer Täuschung unterliegt oder der sich im Zustand der Hypnose befindet.

COHEN: Ja, dem stimmen wir zu.

WEIROB: Nun aber seid ihr der Meinung, dass irgendeine *zukünftige* Bedingung erfüllt wird, die ihre anscheinenden Gedächtnisinhalte zu *tatsächlichen* Gedächtnisinhalten macht. Was genau ist denn nun diese zukünftige Bedingung?

COHEN: Nun, was die Wahrnehmung der Ereignisse und die spätere *Erinnerung* an diese betrifft, so war doch dasselbe Gehirn beteiligt. Somit haben wir hier eine Kausalkette derselben Art, als wenn nur ein einziger Körper beteiligt ist. Die Wahrnehmungen beim Geschehen der Ereignisse hinterlassen im Gehirn eine Spur, die später für den Gedächtnisinhalt verantwortlich ist. Und wir sind uns doch darüber einig – oder etwa nicht? –, dass anscheinende Erinnerung, die auf die richtige Art und Weise bewirkt wurde, eben tatsächliche Erinnerung ist.

WEIROB: Ist es denn unbedingt entscheidend, dass es sich dabei um dasselbe Gehirn handelt?

COHEN: Was meinst du damit?

WEIROB: Ich will das wieder unter Bezugnahme auf Dr. Matthews erklären. In unserem Gespräch erläuterte er ein neues Verfahren, an dem er arbeitete und das er *Gehirnverjüngung* nannte. Durch dieses Verfahren, das noch nicht verfügbar ist – es wird gegenwärtig nur untersucht, ob die Entwicklung dieses Verfahrens prinzipiell durchführbar ist –, könnte ein neues Gehirn hergestellt werden, das eine genaue Kopie meines Gehirns ist, also eine genaue Kopie im Hinblick auf die mental relevanten Zustände. Möglicherweise würde das Verfahren nicht alle Eigenschaften meines Gehirns kopieren – so könnten zum Beispiel die Blutgefäße in dem neuen Gehirn leistungsfähiger als in meinem alten Gehirn sein.

MILLER: Welchen Zweck sollte die Entwicklung einer so makabren Technik verfolgen?

WEIROB: Dr. Matthews' Gedanke ist folgender: In dem Fall, dass Krankheitszustände erkannt werden, die zu einem Schlaganfall oder einer anderen Gehirnverletzung führen könnten, könnte man eine gesunde Kopie herstellen, die das Original ersetzt und den Eintritt der genannten Folgen verhindert.

Nun, Dave, nimm einmal an, dass ich nicht Probleme mit Leber, Nieren usw. hätte, sondern mit meinem Gehirn. Würdest du dann sagen, dass eine solche Operation zu meinem Nutzen ausfallen würde, und sie empfehlen?

COHEN: Was du meinst, ist, ob ich glaube, dass die Person, die eine solche Operation überlebt, *du* sein würde?

WEIROB: Genau. Du kannst davon ausgehen, dass Dr. Matthews' Technik so ausgereift ist, dass der dabei ablaufende Kausalprozess genauso zuverlässig ist wie bei einem normalen Gedächtnis.

COHEN: Dann würde ich sagen, dass die Person *du* wäre – nein! Warte! Nein, sie wäre nicht *du* – auf keinen Fall!

MILLER: Aber warum die plötzliche Wende? Mir scheint durchaus, dass die Person Gretchen wäre. Ich würde mich einer solchen Operation sogar selbst unterziehen, wenn dadurch meine wiederholten Schwindelzustände verschwinden und sonst keine Nachteile eintreten würden.

COHEN: Nein! Siehst du nicht, dass sie uns eine Falle stellt? Wenn wir sagen, die Person ist *sie*, dann wird sie sagen: »Was passiert, wenn er zwei Kopien herstellt oder drei oder gar zehn? Sie können nicht alle *ich* sein; denn alle haben den gleichen Anspruch, daher kann keine *ich* sein.« Es würde sich hier um das Argument des letzten Abends handeln, nur diesmal mit Bezug auf die Erde. Daher ist die Antwort *nein*, keineswegs, die Person wäre nicht *du*. Ein Kopieren des Gehirns bewahrt nicht die Identität. Identität der Person erfordert Identität des Gehirns.

MILLER: Ganz recht.

WEIROB: Dann will ich doch mal sehen, ob es mir geglückt ist, eure Theorie zu verstehen; denn meine Konzentrationskraft scheint nachzulassen. Nehmen wir einmal an, wir haben zwei Körper, A und B. Mein Gehirn wird in Körper A eingesetzt, eine Kopie in B. Die Personen, die die Operation überleben – nennen wie sie »A-Gretchen« und »B-Gretchen« – scheinen sich beide daran zu erinnern, dass sie meine jetzigen Ausführungen geäußert haben. Beide sind in dem Zustand, dass sie sich daran erinnern. Dieser Zustand stellt das letzte Stadium einer informationserhaltenden Kausalkette dar, die dadurch in Gang gesetzt wurde, dass ich diese Äußerungen getan habe. Beide haben meinen Charakter, meine Persönlichkeit, meine Überzeugungen usw. Aber nur die eine erinnert sich *tatsächlich*, die andere nicht. A-Gretchen ist wirklich *ich*, B-Gretchen ist es nicht.

COHEN: Genau. Ist dieses Ergebnis denn widersprüchlich?

WEIROB: Nein, ich glaube, daran ist nichts Widersprüchliches. Aber seht einmal, wie es sich mit den Vorzügen verhält, die ihr für die Gedächtnistheorie behauptet habt. Erstens habt ihr behauptet, die Theorie erkläre, wie ich, ohne die Augen zu öffnen, um meinen Körper zu erkennen, wissen kann, wer ich bin. Aber nach eurer Theorie können weder Gretchen A noch Gretchen B wissen, wer sie sind, selbst dann nicht, wenn sie die Augen öffnen und ihren Körper überprüfen. Wie soll Gretchen A wissen, ob sie das Originalgehirn hat und diejenige ist, die sie zu sein scheint, oder ob sie nicht vielmehr die Kopie hat und damit eine neue Person ist, die erst seit einigen Minuten existiert und keine echten, sondern nur trügerische Erinnerungsinhalte hat? Falls das Krankenhaus etwa die Krankenakten nachlässig führt, oder falls der Chirurg denkt, dass es nicht besonders wichtig sei, genau festzuhalten, wer das Original und wer die Kopie bekommen hat, so weiß sie vielleicht nie, wer sie ist. Dadurch, dass ihr die Identität der Person an der Identität des Gehirns festmacht, lässt eure Theorie die Unbekümmertheit, mit der ich feststellen kann, wer ich bin, nur noch rätselhafter erscheinen, als das bei meiner Theorie der Fall ist.

Zweitens: Ihr habt behauptet, eure Theorie erklärt, warum mein teilnehmendes Interesse an Gretchen A, die – unabhängig davon, ob sie es weiß oder nicht – *ich* ist, selbstsüchtig sei: Meine Erwartungshaltung in Bezug auf ihre Erfahrungen sei dabei korrekt; demgegenüber sei mein Interesse an Gretchen B mit ihrer Gehirnkopie selbstlos und meine Erwartungshaltung in Bezug auf ihre Erfahrungen inkorrekt. Und wie ihr behauptet, erklärt die Theorie das so: Dadurch, dass die Gedächtnisinhalte miteinander verknüpft sind – das ist ein Punkt, auf dem ihr besteht –, bewahren wir im Hinblick auf die personale Identität eine sehr große Anzahl mentaler Charakteristika, die die wichtigsten Kennzeichen einer Person ausmachen.

Gretchen A und Gretchen B sind jedoch mental gesehen nicht voneinander zu unterscheiden. Sie werden zwar unterschiedliche Wege gehen, könnten aber beim Aufwachen in Bezug auf jeden einzelnen mentalen Punkt durchaus genau gleich sein. Bezüglich des Charakters und der Überzeugungen sowie ihrer Gedächtnisinhalte hat Gretchen A keine größere Ähnlichkeit mit mir als Gretchen B. Eure Theorie erklärt also keineswegs, warum unsere Erwartungshaltung nur dann angemessen ist, wenn wir Identität haben, sonst aber nicht.

Du sagtest, Sam, ich hätte eine irrationale Bindung an diese wertlose Materialmasse, die meinen Körper darstellt. Du hast aber eine genauso irrationale Bindung an dein Gehirn. Mein Gehirn habe ich nie gesehen. Ich hätte es mit Leichtigkeit gegen eine verjüngte Version eingetauscht, wenn dies die Wahl gewesen wäre, der ich gegenübergestanden hätte. Ich habe es nie gesehen oder gefühlt und habe auch keine Bindung daran. Aber mein Körper? Der scheint mir all das zu sein, was ich bin. Ich sehe keinen Sinn in dem Versuch, seinem Schicksal zu entkommen, selbst dann nicht, wenn dazu noch Zeit wäre.

Vielleicht aber entgeht mir die Tragfähigkeit eurer Argumente. Ich bin müde, und vielleicht beginnt mein armes Gehirn, das sich leicht gekränkt fühlt, mich im Stich zu lassen –

COHEN: Oh, keine Sorge, Gretchen, du bist nach wie vor immer noch ganz gut dabei. Erneut bin *ich* wieder von dem, was du gesagt hast, ganz verdattert und weiß nicht, was ich sagen soll. Beantworte mir aber diese Frage: Nimm einmal an, du hast recht, und wir irren uns. Und nimm weiterhin an, dass du diese Argumente nicht gefunden hättest, und du hättest im Einklang mit unserem Irrtum der Operation zugestimmt. Du erwartest gespannt die Operation bis zu ihrem Beginn, gehst davon aus, dass du überleben wirst, und bist glücklich. Die überlebende Person geht wie selbstverständlich davon aus, *du* zu sein, und glaubt, sie hat vor der Operation eine Entscheidung getroffen, die sich nun als richtig erwiesen hat. Sie ist glücklich. Deine Freunde sind glücklich. Welche Person wäre schlimmer dran: die vor oder die nach der Operation?

Nimm dann auch an, dir wäre sogar klar, dass durch eine solche Operation deine Identität nicht bewahrt werden würde, du würdest sie aber trotzdem durchführen lassen wollen und du würdest dich bei Herannahen des

Eingriffs auf die Erfahrungen der überlebenden Person freuen. Wo genau liegt denn da der Fehler? Hast du denn wirklich Grund, dich für die überlebende Person weniger zu interessieren als für dich selbst? Kann denn die bloße Identität des Körpers, deren Mangel allein verhindern soll, dass du *sie* bist, so viel bedeuten? Vielleicht irren wir uns schließlich doch darin, dass wir uns auf Identität als die notwendige Voraussetzung der freudigen Erwartungshaltung konzentrieren –

MILLER: Dave, es ist zu spät.

Anmerkungen

DER ERSTE ABEND: Die Argumente gegen die Position, die personale Identität stimme mit der Identität einer immateriellen Seele überein, ähneln denen bei John Locke, »Of Identity and Diversity«, Kapitel 27 des 2. Buchs des *Essay Concerning Human Understanding*. Dieses Kapitel erschien zuerst in der zweiten Ausgabe von 1694.

DER ZWEITE ABEND: Die Argumente gegen die Ansicht, die personale Identität bestehe in der körperlichen Identität, kommen auch bereits bei Locke vor, wie auch die Theorie, dass Gedächtnis(inhalte) von grundlegender Bedeutung sind. Das Argument, dass die Gedächtnistheorie wiederkehrend ist, wurde von Joseph Butler vorgebracht, in »Of Personal Identity«, ein Anhang zu dessen *Analogy of Religion*, veröffentlicht in 1736. Lockes Gedächtnistheorie wurde von einer ganzen Reihe moderner Autoren weitergedacht, darunter von H. P. Grice, A. M. Quinton und, mit einer etwas anderen Sichtweise, von Sydney Shoemaker. Die Möglichkeit, Butlers Zirkularität durch das Kausalitätsprinzip zu umgehen, kommt vor in Shoemakers Artikel »Persons and Their Pasts« (*American Philosophical Quarterly*, 1970) und in David Wiggins' *Identität and Spatial Temporal Continuity*. Das »Duplikationsargument« wurde offenbar zuerst von dem Freigeist Antony Collins aus dem 18. Jahrhundert benutzt. Collins nahm an, dass etwas Ähnliches wie Lockes Theorie der personalen Identität korrekt sei und zog das Duplikationsargument heran, um die Doktrin der Unsterblichkeit vor Probleme zu stellen.

DER DRITTE ABEND: *Who is Julia?* von Barbara Harris ist ein fesselnder Roman aus dem Jahr 1972. (Dr. Matthews hatte noch nicht an Gehirnverjüngung gedacht).

Locke sinniert über die Möglichkeit, das »Bewusstsein« eines Prinzen in den Körper eines Schusters zu transferieren. Die Idee, die Entfernung eines Gehirns zu nutzen, um zu zeigen, wie dies geschehen könnte, stammt aus Sydney Shoemakers grundlegendem Buch *Self-Knowledge and Self-Identity* (1963). In einer ganzen Reihe wichtiger Beiträge, die in seinem Buch *Problems of the Self* (1973) zusammengestellt wurden, hat Bernard Williams auf kluge und verständliche Weise die Gedächtnistheorie und die Ansicht zurückgewiesen, eine solche Gehirntransplantation werde auf eine Körpertransplantation hinauslaufen. Williams hat insbesondere die Relevanz des Verdopplungsarguments betont, und dies sogar bei Fragen der irdischen personalen Identität. Weirobs Position in diesem Essay ist mehr von Williams beeinflusst als von irgendjemand anderen. Ich habe Williams' Argumente und Themen in Zusammenhang damit in »Can the Self Divide?« (im *Journal of Philosophy*, 1972) sowie in einer Rezension seines Buches (in: *Journal of Philosphy*, 1976) diskutiert.

Ein wichtiger Artikel zu dem Themenkomplex, der gegen Ende des Dialogs aufkommt, stammt aus Derek Parfits »Personal Identity« (in: *Philosophical Review*, 1971). Dieser Beitrag, zusammen mit Lockes Kapitel und einer Reihe anderer wichtiger Kapitel und Artikel von Hume, Shoemaker, Williams und anderen, findet sich in meiner Anthologie *Personal Identity* (1975). Eine Anzahl neuer Beiträge zur personalen Identität erschien in Amelie Rorty (Hrsg.), *The Identities of Persons* (1976). Darin findet sich auch mein

Beitrag »The Importance of Being Identical«, in dem es um genau die Fragen geht, die Cohen am Ende des Dialogs aufwirft.

Zum Autor

John R. Perry ist eine ausgesprochen farbige Figur, zum einen Fachphilosoph, aber zum anderen ein immer um das Publikum bemühter, ebenso klarer wie humorvoller Denker: Er wurde 1943 in Lincoln, Nebraska, geboren, schloss 1964 seine philosophischen Studien am Doane College und 1968 an der Cornell University ab und ist zur Zeit Henry Waldgrave Stuart Professor für Philosophie an der Stanford University und Professor für Philosophie an der University of California, Riverside.

Dem Fachphilosophen ist er bekannt geworden durch wichtige Beiträge in den Gebieten der Logik, Sprachphilosophie, Metaphysik und Philosohie des Geistes. Doch bemüht er sich gleichzeitg immer um eine möglichst große Breitenwirkung von Philosophie: 2004 wurde er Ko-Kommentator von Keneth Taylor in dessen Radiogrogramm »Philosophy Talk« und gewann 2011 einen »Ig Nobelpreis« (der zeitgleich zum Nobelpreis vergeben wird, sich jedoch um Werke kümmert, die »zuerst Menschen lachen und dann nachdenklich machen«) für seinen amüsanten Essay »Structured Procrastination« (»Strukturierte Verschleppung«). Außerdem ist er Mitglied der Norwegischen Akademie für Wissenschaft und Literatur.

In seinem Dialog gelingt Perry das Kunststück, das heikle Thema Tod, Leben nach dem Tod und Person in all seinen Facetten zu beleuchten: Dabei nimmt er die Personen aus seinem »Dialog über das Gute, das Böse und die Existenz Gottes« (UB 19032): Gretchen Weirob liegt im Krankenhaus im Sterben und diskutiert mit ihren Freunden Sam Miller und David Cohen diese existentiellen Themen mit analytischer Schärfe und gleichzeitg großem Taktgefühl. Perry nimmt dabei die bekannte Form des Zwiegesprächs über große Themen auf, die sich spätestens seit Platons Dialogen, Berkeleys *Three Dialogues between Hylas and Philonous* (*Drei Dialoge zwischen Hylas und Philonous*) von 1713 oder Humes *Dialogues Concerning Natural Religion* (*Dialoge über natürliche Religion*), die postum 1779 veröffentlicht wurden, großer Beliebtheit erfreut. In seiner Einfachheit, Klarheit und Schönheit der Darstellung schafft Perry das Kunststück, die Tiefe und Wichtigkeit der Argumente für und gegen einen Glauben an Gott und die Probleme um das Gute und das Böse nicht unter Wert zu verkaufen. Auf diese Weise ergibt sich ein vorzüglicher Einführungskurs für an der Philosophie und besonders an Glaubensfragen Interessierte, der nicht überfordert, aber so weitgefächert und tiefgründig wie nur irgend möglich ist.